贝克知识丛书

DER PELOPONNESISCHE KRIEG

伯罗奔尼撒战争史

Bruno Bleckmann
[德] 布鲁诺 · 布勒克曼 著
武诗韵 译

上海三联书店

公元前 431 年，第一阿提卡海上同盟和伯罗奔尼撒联盟这两个实力相当的集团失去互信，势不两立。当时处于领导地位的雅典和斯巴达纠集其盟友为了争夺希腊内部霸主地位而发动了战争，最终目的也是为了在东地中海的最高统治权。这场遍布陆地和水上的战争一直持续到公元前 404 年，中间只被一些短暂的军备休战打断过，加之涉及了如此众多的国家，以至于后世学界称之为“古代世界大战”。

雅典历史学家修昔底德在一部杰出的早期史学著作中记录了这场伯罗奔尼撒战争，而这也为本书的作者布鲁诺·布勒克曼提供了写作基础。让我们跨越近 2500 年的时间，见证那场造成了令人难以想象的人类灾难的希腊军事浩劫。在那里，一切国与国之间的交往法规全部作废，到处都遵循着无情的弱肉强食的准则。

布鲁诺·布勒克曼在杜塞尔多夫的海因里希·海涅大学担任古代历史学教授，他的研究领域侧重于古代历史著作及其史源学考证，以及希腊在古典时期、罗马共和国时期和古代晚期的历史。在C.H.贝克出版社还可以买到他的其他作品：《日耳曼人》《从阿利奥维斯塔到维京人》(2009)。

目　录

引　言

伯罗奔尼撒战争的历史意义：一个问题

这段公元前 431 年至前 404 年间发生在雅典和斯巴达之间的冲突以“伯罗奔尼撒战争”之名被记入史册。从严格意义上讲，这个说法并不贴切，因为最重要的决定并不是在伯罗奔尼撒半岛做出的。那只剩下一种可能：一定是雅典人发起了针对斯巴达人及其所在的伯罗奔尼撒联盟的战争。在这个意义上，当时的历史学家修昔底德（1，44，2）曾说，雅典人在战争爆发前就预料到了一场“对抗伯罗奔尼撒人的战争”。修昔底德在他的历史著作的前言中把整场战争描述为历史的统一，但他并没有采用“伯罗奔尼撒战争”这一说法，而是称之为“伯罗奔尼撒人和雅典人的战争，正如他们互相对抗到了最后”(《修昔底德》，1，1)。希腊化时代晚期，“伯罗奔尼撒战争”的名称已经确立，公元前4世纪的演说家和同一时期的历史学家埃福罗斯[1]（Ephoros）已从雅典人的角度更为明确地进行了阐述，就像罗马人仅从自身的角度出发，把他们和迦太基人的战争命名为“布匿战争”，而不是“罗马–布匿战争”一样。

伯罗奔尼撒战争最初爆发于希腊中部和伯罗奔尼撒的几个地区，随后迅速蔓延到希腊北部，最终波及西西里，安那托利亚的爱琴海沿岸以及马尔马拉海海滨。修昔底德显然深受其苦，并觉得这一局面非常戏剧化，以至于宣称“大部分的人类”被卷入了战乱且受到了巨大的影响。因此，人们又常常将伯罗奔尼撒战争称作“古代世界大战”。但在古代史上，从亚述帝国残酷的对外扩张到亚历山大大帝领导的战役，再到布匿战争以及恺撒的高卢之战，抑或是秦始皇实现大一统前中国所经历的战乱，无一不是规模更为巨大的。伯罗奔尼撒战争的参战人数大多可查，像最大的参战国家（雅典）就有多达50 000名全权公民，即使有时在战争中被派遣的战

① 埃福罗斯（约前400年—前330年）：古希腊历史学家。他是伊索克拉底的学生，在其建议下著有《历史》(*Historiai*)。

士只有几百个，但在西西里远征（前415年—前413年）中第一次达到了一个完全不同的规模。在战争的最后一年，海军共招募了约40 000名桨手及200余艘三列桨座战船，几乎超出了当时的物流承载能力。

这场战争表面上持续了27年之久，但我们要知道，希腊的许多地区曾有超过一年或十年的和平状态。另外，因为《尼基阿斯和约》，在雅典和斯巴达的本土上至少有八年的基本和平状态。这段休战将冲突划分为明显的两个阶段，即所谓的阿奇达穆斯战争（前431年—前421年）和狄凯里亚战争（前413年—前404年）。而这两个冲突阶段的名称再次证实了一个纯粹以雅典角度阐述的观点。公元前4世纪，阿提卡的演说家将伯罗奔尼撒战争的第一个十年（即修昔底德的“十年战争”）称作“阿奇达穆斯战争”，因为从普通雅典公民的角度来说，斯巴达的军队几乎每年都要在国王阿奇达穆斯的领导下入侵雅典，在城墙内就可以看到当时外面那场举世瞩目的战争。“狄凯里亚战争”名称的来历也一样，是由于斯巴达不再年复一年地入侵阿提卡，而是在雅典北部的要塞狄凯里亚驻扎下来。

阿奇达穆斯战争爆发于公元前431年，此前雅典与斯巴达最后一次重大冲突发生在15年前。从雅典在狄凯里亚战争后投降，到下一场科林斯战争（前 395 年），只经过了约十年时间，其间雅典的内政和外交都十分动荡。雅典试图在这场战争中复仇，与希腊中部势力结盟，共同对抗斯巴达。尽管斯巴达最终依靠波斯人的帮助战胜了希腊，却受到重创，并在公元前 394 年失去了自公元前 413 年 / 前 412 年以来夺得的制海权，即使在公元前 386 年的安特尔凯德斯海战中曾短暂地夺回一段时间，也没能改变这一情况。因此，更应该把科林斯战争（前 395 年—前 386 年）与狄凯里亚战争以及公元前 404 年至前 395 年的这段时间合并为一个大时代，而不同于阿奇达穆斯战争。由于古代希腊经常发生战争冲突，因此将几个单个的战争总结为一个大战役时需要仔细斟酌。正如任何历史断代的情况一样，它是在有意识的历史分析基础上产生的主观认知。无论如何，我们的许多同代人还没有意识到，公元前 431 年至前 404 年间发生的事件应当是一个整体，是一场独立存在的战争。先是修昔底德，而后公元前 4 世纪的希腊史学阐释也持这种观点。

回顾自身的历史，伯罗奔尼撒战争在古代并没有起到什么突出的作用。但当帝国时代的文人用语言描述它的时候就不一样了，因为这段历史的记录者修昔底德是一位伟大而极富个人风格和争议的史学泰斗。人们津津乐道的伟大战争是希腊世界对抗波斯国王的战争，而不是无关痛痒、被当作希腊内战的伯罗奔尼撒战争。在很多情况下，战争中的某些小插曲，比如阿吉纽西群岛的反复过程[①]，经常被当作雅典民主全面倒退的证据。但即使没有这个插曲，这段历史也依然引人入胜。在中世纪的拜占庭世界编年史中，这段战争被忽略掉了，记录直接从波斯王朝跳到了亚历山大大帝。

作为伯罗奔尼撒战争历史学家的修昔底德

从世界史的角度来看，伯罗奔尼撒战争表面上只具有区域性价值，但作为历史单元（直至后世盖棺定论），从严格意义上讲，它必定是其中的一部分。即使已经过去了 2500 年，我们仍有充分的理由去深入研究这场战争，其中最重要的一个原因在修昔底德的描述中可看到，即这场战争已成为古代历史著作最重要的题材。如果我们从黑格尔的角度谈论人类从这场战争中获得的好处，并用休谟的观点做补充，那就是：修昔底德笔下的第一页代表了真实历史的开始。

---

① 雅典人在阿吉纽西取得了史无前例的大胜，随后却由于雅典民主的缺陷处死了绝大多数将领。

修昔底德说，他在战争刚刚爆发时就开始记录，从不同的角度经历这场战争，这使他受益匪浅。他最初是雅典活跃的政治家和军事家，但在公元前424年，作为统帅的他遭遇失败后被迫流放。在那里，他靠色雷斯矿的收入生活，作为阿提卡最大的贵族家族之一的成员，这座跨区域的矿藏正是归他所有。作为一个富裕的流亡者，修昔底德开始有机会从敌对的斯巴达那里学到很多东西。他将多年来记录和汇编的资料反复修改，然后整合到一个合辑中。他作品中的一些段落（第五册的一部分和第八册全书）在艺术修辞上略逊于那些收录了名人演讲的作品；有些部分出卖了他的观点，毕竟他刚经历了阿奇达穆斯战争和西西里远征，却还没有亲历战争的终结；其他段落则从公元前404年战败的角度描述并解读了整个战争的历史。

战争结束后，修昔底德重回雅典，这部未完成的作品于公元前411年终止了，显然是因为修昔底德在修改他作品的过程中去世了，因此战争最后一个高度戏剧化的阶段没有成为他的叙事对象。而在前20年里，修昔底德形成了一套以时间为序的战争叙述原则，此后任何现代战争的表述不仅在纪实材料上，而且在分析和反思方面的写作上都遵循了这一原则。

人们是否应该毫无保留地相信修昔底德，取决于对他历史学家素养的判断。对此做出评判是十分困难的，因为修昔底德是大多数战争史实（至公元前 411 年）的唯一见证者，仅有极少数历史片段（如公元前 411 年的寡头革命）存有与之平行的研究资料。总的来说，从几个世纪以来关于史料来源价值的争论来看，没有证据表明修昔底德是一个不值得信赖的历史学家。虽然他的报告有时隐藏了对现代史学家来说很重要的东西，如第一阿提卡海上同盟的财务组织细节或外交史。他并没有提及于公元前 425 年开始施行的“克里昂战争税”法令，众多联盟成员被迫缴纳了很多倍的赋税，这无疑与领导战争以及资助战争紧密相关。再如，雅典和波斯帝国在公元前 448 年缔结的和平条约（《卡利阿斯和约》）毫无用处，而修昔底德却用大量笔墨介绍了希波战争到伯罗奔尼撒战争发生的这 50 年，而在第八册（《修昔底德》，8，56，4) 中对此却只是一笔带过。最后一个例子恰好能证明，那些所谓的差距可以用这部历史著作的不完整性，而不是作者的主观选择来解释，只有当他认为那些事件对整体叙述具有重要意义时才会有所提及。

修昔底德将直接经历或经验而得的当代史作为分析对象，这种叙事方法前无古人。同时代更早一些的希罗多德撰写的编年史其实是加工过的艺术作品，其中的事件部分以精彩的戏说方式，部分以半神话的叙事方式，还常有在当时流传了两代甚至以上的异国事迹。修昔底德局限于自身实践经验及其所处时代的视野，在此范围内从雅典的角度阐释特定的政治和军事行动。

修昔底德作为雅典政治家的直接产物就是对这场战争的介绍和评论。在雅典公民大会和理事会的辩论中，已经建立起了很高水平的政治论证。任何参与雅典外交或军事义务的演说家都必须能够大致说出各种情况下的历史背景。修昔底德指责雅典公民大会在缺乏正确的地理和民族志知识的情况下，于公元前 415 年干预西西里远征。无论如何，大会使雅典人对西西里城市塞杰斯塔和塞利农特之间的冲突历史多少有所耳闻，他们也知道叙拉古扩张的危险。根据晚期的习俗，雅典人会在私下的闲聊中于沙地上描绘那遥远的有待征服土地的版图。因此，西西里的远征基本符合雅典人对自己所介入的事情了解的惯例，如果某一年要继续上一年的军事行动，那么人们就得知道这一军事行动在前一年的发展走向。除了理事会和公民大会之外，还有一些其他以具体的形式讨论政治实情的地方，例如反对民主的贵族圈子。

修昔底德的阐述最终汇集了数百个这种在雅典经常

进行的场景描述、情况评估及辩论分析。甚至，这位历史学家在高昂的激情中毫无保留，（特别是在活动的演讲中）一再透露自己对事物的看法。修昔底德总是觉得自己与那些被他所评判的雅典政治家处在竞争当中。除此之外，他还尝试领会那些尽己所能收集到的来自雅典之外政客的论证和动机。在他的历史著作中，在探寻对雅典战败的分析时，他致力于政治，那种冷静的文风表现出的理性（gnome）占上风，他认为这是一个优秀政治家最重要的特征。他希望，在头脑更聪明的人看来，他对事件的表达和阐释无可辩驳。尽管之前有某种政治动机，但最终出于理智的要求，他的历史著作创造了一种与现代一些客观科学史理念很接近的构想。他记载的范畴（无疑受到荷马或希罗多德等文学模式的影响），在经过多年的孕育并学习诡辩论后，其对政治问题的反映打破了当时单纯日常政治分析的范围，并且正如修昔底德自豪的自我评论那样，留下了“永久的财富”。

当人们评估修昔底德的著作中所缺失的伯罗奔尼撒战争最后几年的史料来源时，他的巨大价值就格外凸显出来。正是在战争最激烈的几年里，斯巴达在海军方面已经赶上了雅典，舰队达到前所未有的规模，人们开始怀念修昔底德生动形象的具体描绘了。那些将修昔底德的著作发扬光大的历史学家，没有一个能替代修昔底德的价值。一方面，色诺芬在他的作品《希腊史》中只较为详细地描述了部分战争片段，如阿吉纽西审判（前406年）、雅典投降（前404年），对于其他部分只是简要地提一句，或是干脆忽略，他的记录甚至无法清晰地还原战争最后几年的时间表。另一方面，另一位历史学家虽然有详细的记录，但一部分来自间接资料，如狄奥多罗斯、普鲁塔克、柯内留斯·内波斯等后期资源，还有一部分来自狄凯里亚战争后保留下来的少量莎草纸碎片记录。这些记录有缺点，在许多方面与时代见证人色诺芬的经历完全相反，而且有很多记录表明这是公元前4世纪中期作家的文学杜撰产物，他并不知道伯罗奔尼撒战争的真实情况，而是随意杜撰了详细的战争场面。而修昔底德对当时的历史起码抱有严肃负责的态度，而他的追随者们一个只提供了一些微不足道的笔记，另一个写出的是文学化的作品，尽管模仿了修昔底德的形式，却与修昔底德关注的东西毫不相干。

作为雅典政治家的修昔底德在各方面的表现都是一个特例，他所描述的真实政治和军事事件的深度以及立体感是后来所有古历史学家都无法企及的，伯罗奔尼撒战争也因为这些特质而成为古代战争的典范。他所描述的国家间的争端或大众心理现象的动态过程，把握着时代的脉络，甚至促进他自身的历史反思。从托马斯·霍布斯[①]（Thomas Hobbes）开始到20世纪的文学作品，都把“古代世界大战”（伯罗奔尼撒战争）与其亲身经历的重大冲突关联起来。例如，文学评论家阿尔贝·蒂博代（Albert Thibaudet）的作品《修昔底德的恩怨》是在大战的战壕里完成的，并且在20世纪20年代的法国取得了巨大成功。即便是今天的美国“新保守派”思想家也是基于真实或传说的修昔底德史料佐证自己的观点。

伯罗奔尼撒战争及世界史进程

然而，伯罗奔尼撒战争的历史意义并不止步于历史学家修昔底德。雅典的失败可以看作希腊古典时期的重大转折，从雅典的人口数量、政治和经济文化的发展程度来看，只有雅典的大城邦才能把爱琴海和希腊本土构建成一个稳定的统治区。在伯罗奔尼撒战争的第一阶段，雅典就已经成了霸权国家，小国关系缓慢地消失，爱琴

---

① 托马斯·霍布斯（1588—1679）：英国著名哲学家、政治学家，也是英国理性主义的奠基人。在近代哲学史上，霍布斯是基于自然法而系统地发展国家契约说的资产阶级启蒙思想家。

海地区在某个城邦领导的意志下统一（被波及的国家当然认为这是极其不公平的）。这是一个动态过程，从希波战争开始就从未停止。伯罗奔尼撒战争最后阶段，雅典海军完全被摧毁，使得这一发展停滞不前。虽然雅典人在公元前 4 世纪再次成为希腊权力舞台中最重要的政治力量，但他们再也无法完全恢复“从前的统治”。（色诺芬，《希腊史》，3，5，10）希腊世界不再有持久的秩序和平静，更不用说一个新的统一和集权的过程。一方面，没落的雅典已经不能真正度过伯罗奔尼撒战争的灾难；另一方面，剩下的希腊城邦国家根本没有建立持久统治权的必要条件。

伯罗奔尼撒战争的胜利者斯巴达成为霸主的可能性尤其小，尽管同时代的追随者称颂斯巴达的稳定，同时想把它从现代研究领域中剥离出来，但是由于斯巴达的全权公民（Spartiaten）非常少，国家实际上一直处于内乱的边缘，从被排除参与政治之外的群体拉刻代蒙到受压迫的黑劳士，再到庇里阿西人、新平民（成为新公民的黑劳士）和希波米安尼斯人（失去政治权利的前公民），“没有人能掩饰，他们更愿意茹毛饮血。”（色诺芬，《希腊史》，3，3，6）斯巴达人故步自封，错过了合作带来的文化进步，尤其是成熟货币经济的发展，因为他们害怕条件变化之后，作为“一样”的全权公民不能在（与雅典人的）竞争中胜出。实际上，“一样的人”不论是从财务关系还是声望上都截然不同。一旦由于被迫的平等失去了过去的亲密关系，很多斯巴达的军官、官员甚至国王就只能在国外重新开始自力更生，并且不遗余力地筹集必要的资金。因为斯巴达人难以控制他们派驻在海外的官员，所以原则上讲，他们对于伯罗奔尼撒半岛之外的军事行动持保守态度。舰队参与的军事行动是个大问题，因为那种原始的、使用笨重铁钱的斯巴达经济模式很难完成舰队的建造、装备和人员配给。因此，斯巴达总是采取犹豫不前的典型外交政策，而且很少有深远的影响。他们宁愿维持一种古代晚期的小国关系。在伯罗奔尼撒战争结束时，斯巴达虽然不情愿地走上了一条更现代化的以陆地和水上为基础的霸权道路，但是斯巴达政治却在个别政客的个人权力争夺战中消耗殆尽，他们在国内既无群众基础，又无法被剔除。

斯巴达的胜利对于希腊的治理其实非常不利，与此同时，雅典在第一阿提卡海上同盟的统治权被摧毁，这也意味着希腊人从此不得不把操控他们命运的权力交给外人。虽然雅典的统治对很多联盟国家来说绝对算不上受欢迎，人们或许会对此耸耸肩，但必须铭记的是，古代雅典的民主尽管有其不足之处，但它全权公民平等的原则在当时却是一个比较人道的特例。随着雅典的失败，马其顿的君主、罗马帝国的寡头以及帝国军事领袖最终统治了地中海。雅典的终结或许也意味着一个可能使人类更幸福的历史中断了发展，当然这并不能改变事实，雅典的失败在很大程度上是自己造成的，而且通过其不成体系且状况百出的民主制度长期影响地中海的可能性并不大。

伯罗奔尼撒战争另一个方面的历史意义在于其文化历史维度，这是难以准确描述的。人们并不知道，公元前 5 世纪雅典文化的蓬勃发展是否与战争经历有关，“战争的创造力”是否如古代历史学家爱德华·迈尔（Eduard Meyer，1855—1930）所写的那样“在这一次重现”。在战争爆发前的很长一段时间，战争既没有减缓也没有加速雅典文化的发展。在文化的某些领域（特别是对史学和政治哲学的反思），战争的影响和与战争相关的危机意识是不容否认的。而在其他领域，有时这种关系的联系并不密切。例如，在战争期间，雅典卫城继续大兴土木（修建神殿和胜利女神庙的柱栏），表明一个不安的群体被宗教信仰的特殊力量侵袭。然而，由于伯罗奔尼撒战争之前也在建造神庙，这些建造行为恰好说明，即使是在伯罗奔尼撒战争的最后几年，公共生活中仍然有一部分民主的内核、战争前的准则和规范是危机无法撼动的。即使不能高估战争的文化创造能力，伯罗奔尼撒战争在世界史上仍然具有深远意义，因为它构建了一系列先进文化的历史框架（直至近年才消失）。这种框架跨越几个世纪，在古代欧洲思想史中一直占统治地位。苏格拉底曾经主动参与伯罗奔尼撒战争，并在此期间发展出他的哲学；在战争期间，伟大的悲剧作家索福克勒斯和欧里庇得斯开始写作，并且与古希腊戏剧大师阿里斯托芬一同达到创作巅峰，更不用说至今仍被不断描绘和探究的古代史学了。在伯罗奔尼撒战争中，约翰·约阿希姆·温克尔曼（Johann Joachim Winckelmann，1717—1768）曾经悲哀却不无道理地看到人类历史上最大的特例之一："这场战争或许是世界上唯一一场战争，敏感的艺术在其中不但毫发无损，反而比以往任何时候都出色。"

第一章

伯罗奔尼撒战争的原因

“最真实”的原因：斯巴达惧怕雅典自希波战争以来的崛起

公元前 432 年，斯巴达先是在内部，然后又在斯巴达盟国的一次会议上，认定雅典破坏了公元前 446 年达成的和平协定。雅典人拒绝了斯巴达人发出的最后通牒，双方都已经做好了参战的准备（前 431 年），几乎没有任何一场远古战争的历史背景比伯罗奔尼撒战争更出名。修昔底德敏锐而有预见性地从因果关系网的不同层面阐明了导致伯罗奔尼撒战争爆发的因素，其中涵盖了从真实原因到双方提出的互相指责，以及战争爆发前直接开出的最终价码。根据他的说法，这一战争并没有明确归罪于哪一方。当然，斯巴达对最终打破公元前446年的和平协定负有责任，由于斯巴达接受了来自联盟（尤其是科林斯人）的召集，对雅典进行征讨，并且以站不住脚的法律依据认定雅典破坏了和平协定。正如修昔底德在关于雅典崛起以及雅典和斯巴达的关系说明中阐述的那样，斯巴达对雅典崛起的恐惧并非毫无根据。在希波战争到伯罗奔尼撒战争的“五十年时期”[①]里，由雅典领导的海洋联盟逐渐发展出一种全新的面貌，伴随着经济和组织架构的迅速发展，这些资源为雅典的非凡实力提供了不可估量的权力保证。

触发这种恐惧的是雅典国家世界发生的根本性变革，这种改变得以实现，一是借助波斯人的进攻，二是因为雅典面对强敌必须进行协调作战。公元前481年的古希腊联盟中，公认的霸主是斯巴达，因为斯巴达人毫无疑问是希腊最强大的军事力量。自公元前6世纪中叶以来，斯巴达不仅控制了拉科尼亚和美塞尼亚两地，而且伯罗奔尼撒半岛上的大部分国家由于忌惮斯巴达战无

① “五十年时期（Pentekontaetie）”是指从薛西斯出征的尾声普拉蒂亚战役（前479年）到伯罗奔尼撒战争之初（前431年）的将近50年的一个历史阶段。

不胜的重步兵方阵，都被迫加入了一个联盟体系，称之为“伯罗奔尼撒联盟”。中小国家认可斯巴达的统领和霸主地位，他们通过一系列双边协议来配合上层的外交需求（如“敌友条款”），同时在所有军事行动中（颁布军队令）派遣重步兵军队跟随统领作战。通过这种方法，斯巴达除了自己的军事力量以外，还能将同盟军庞大的军队带入战场，借助伯罗奔尼撒联盟发挥其军事和政治作用。

在共同对抗波斯人的战争中，雅典成为希腊国家中第二强大的城邦。雅典从来就不是一个“穷乡僻壤”（赫尔曼·本特松），而是一个人口众多、蕴含丰富银矿的城邦，它拥有足够的资源，可以组建一支成本高昂的舰队。雅典凭借这支舰队赢得了萨拉米斯海战（前 480 年）的胜利，在波斯人撤退到亚洲之后，雅典开始进行反击，将小亚细亚海岸的伊奥尼亚城市从波斯人的统治中解放出来。对于这个任务，斯巴达不仅毫无兴趣，而且不太适合。斯巴达曾经在普拉蒂亚决战中（前 479 年）取得了巨大的成功，已经充分证明了自己的霸主地位，但正如前文所述，斯巴达的社会经济结构和匮乏的资源不允许进行这样的海外战争。在斯巴达国王保萨尼亚斯的海外作战决策失败后，斯巴达不得不准许伊奥尼亚人接受雅典的长期保护。雅典于公元前 478 年 / 前 477 年成为爱琴海国家独立联盟的霸主，即所谓的“第一阿提卡海上同盟”（提洛同盟）的霸主。在接下来的时间里，雅典凭借其舰队将色雷斯海岸以及海峡地区从波斯驻军手中解放了出来。

希波战争中的盟友很快成了仇敌。斯巴达人在过去 60 年间一直致力于控制国家的政体以及伯罗奔尼撒前沿地区，显然最终会对雅典彻底失去信任。反过来，雅典很久以前也有政治家主张对斯巴达持敌对态度。波斯人撤出后，在地米斯托克利[①]的劝说下，战后被毁的雅典修筑了一道新的城墙，用来防御斯巴达长驱直入阿提卡。地米斯托克利甚至提出了更激进的建议，即完全放弃 8 公里以内的内陆城市，全民转移到新建成的比雷埃夫斯港。因为入侵的军队要想围困一个以水路见长的城市几乎是不可能的。后来，这个激进的解决方案在 50 年之后有了替代办法，通过连接城墙，即所谓的“长墙”，将城市与比雷埃夫斯和法勒隆港相连，从而构成海防系统。

① 地米斯托克利（Themistokles，前 525 年—前 460 年）：古希腊杰出的政治家、军事家。公元前 480 年，在萨拉米海战中曾大败波斯舰队，后被贵族派流放，死于小亚细亚。

这不仅使雅典本身难以被内陆强国斯巴达征服，就连雅典建立的霸权产物——第一阿提卡海上同盟——也很难被斯巴达人干预。作为这个联盟的霸主，雅典拥有一支长年驻扎在爱琴海的庞大舰队，控制着所有的岛屿和沿海国家。大多数同盟国都对雅典舰队的建设做出过贡献，因为他们希望省去组织舰队所需要的花销。他们放弃筹备自己的军备，同时给雅典支付一定的费用，令其保障自己的安全。希俄斯、萨摩斯、米蒂利尼和麦提姆那是同盟中为数不多的拥有自己舰队的城邦。它们大部分都远离雅典，并且自身的力量足以和雅典抗衡。

第一阿提卡海上同盟将向何方发展，在几年之后希波战争结束时才逐渐明朗。纳克索斯岛试图从长期封闭的海上同盟中脱离出来，但被雅典残酷地镇压了。一段时间后，萨索斯岛又发生了类似的事情。萨索斯人有自己的统治方式（内陆建立了殖民地），也不想参加同盟。当萨索斯人公开表示反叛时（前465年），斯巴达原本表示支持，然而，公元前464年，伯罗奔尼撒半岛发生了毁灭性的地震，斯巴达无法再向萨索斯提供援助，而且缺乏大型舰队的斯巴达也很难实现增援。

如果雅典的势力扩张受到抑制，那不是因为斯巴达的外交政策，而是因为雅典人从公元前5世纪60年代起就不放过任何机会，对雅典核心势力范围及爱琴海以外的各种地方进行干预，由此暴露出他们的一些特征。而在伯罗奔尼撒战争中，这些特征对雅典来说是致命的，即帝国热望（dynamis）、无止境的贪婪（pleonexia）和不必要的介入（polypragmosyne）。在与波斯人的战争中，雅典的某次远征不仅深入塞浦路斯，甚至在埃及当地扶持了反对国王的暴动。这次远征以惨败告终（前454年）。几年后，雅典在埃及和塞浦路斯打了一场翻身仗，并于公元前448年和仇敌波斯人和解（《卡利阿斯和约》）。

在希腊内陆的无限拓展，对雅典来说，虽然损失不大，但是极其危险。雅典企图控制邻邦玻俄提亚，却导致了在塔纳格拉战役中（前457年）与军事上占优势的斯巴达发生第一次正面冲突。虽然雅典在和玻俄提亚人的战争中一度取得了短暂的胜利，但最终在公元前446年的凯罗尼亚战役中败北。雅典人被驱逐之后，玻俄提亚进行了城邦重组，这意味着雅典往后不得不在西部边界与一个强大的对手打交道，对方可以轻易调遣11000名士兵。斯巴达还遏制了雅典在伯罗奔尼撒半岛和科林斯的属地伊斯通建立据点的尝试，这不仅关系到希腊中部，而且涉及伯罗奔尼撒自己的前沿阵地。此外，这一举措还能在短时间内威胁到雅典对其供给重镇优卑亚岛的控制。

经过十几年与斯巴达的战争（中间被休战打断），雅典最终不得不妥协，于公元前446年签订《三十年和约》，承认伯罗奔尼撒半岛和伊斯通地区，直至墨伽拉，都是斯巴达领导范围的一部分。相应的，斯巴达接受雅典在提洛—阿提卡同盟的统治地位。斯巴达—雅典的二元关系正式确立，各自的属地不容染指。只有在尚未纳入各自霸权体系的城邦或地区，两方都可以谋求利益。最终，这个条款很快使刚刚建立的平衡失去了稳定。

雅典的帝国热望绝不会由于公元前446年签订的《三十年和约》而消失。雅典虽然在很大程度上失去了向外扩张的机会，却通过入侵同盟内部的城邦得到了补偿。 公元前439年，雅典人通过饥饿封锁击败了曾在公元前441年反对雅典统治的萨摩斯岛，该岛此后被牢牢掌握在亲雅典一派的萨摩斯人手中。拜占庭曾经做过和萨摩斯人相似的事情，最后也被迫回到同盟内。公元前437年，雅典在爱琴海北部的殖民地安菲波利斯建立了一个规模庞大的根据地。

在公元前5世纪30年代，关系平等的同盟在转变为权力体系的道路上迈出了一大步。当然，这种转变达到什么程度还不完全清楚，因为记载同盟国家发展的重要碑文没有注明准确的数据。通过所谓的基本法（leges generales）对同盟成员进行约束，比如在海上同盟内部进行垄断、强制使用雅典银币的“硬币法”，这项规定适用于《三十年和约》之前的时期，以及伯罗奔尼撒战争的初始阶段。基本法的强制执行以及对同盟成员的永久不信任并不总是雅典强势地位的标志，而是最终表明，为确保这种统治地位，需要长期付出很多努力。即使雅典的统治需求有时是通过提议而不是强制执行，其他城邦也已经深切地感觉到雅典毫不推辞地担当起统治者的角色。雅典简单地把联盟其他成员称为“臣民”，把自己的霸权地位称为“统治”(arche)。同盟在提洛神殿的公共金库转移到了雅典本土（可能在公元前 454 年），同盟的成员必须向同盟缴纳一定的赋税，这一税款的六十分之一必须支付给雅典人，成员的名字被刻在雅典卫城的大型纪念碑上供人瞻仰。雅典设法让所有希腊人，尤其是同盟成员到雅典参加各种大型活动，用宏伟的建筑（比如帕提侬神庙或卫城前门）给他们留下深刻印象，尽管这些宏伟的建筑并不能完全反映现实，也要让他们切身感受到统治权力的震慑力。

公元前 5 世纪 40 年代到 50 年代，尽管雅典与斯巴达已经发生直接冲突，但斯巴达一方还没有果断地对雅典的威胁做出反应。公元前446年，斯巴达国王普雷斯托阿纳克斯领导的一支入侵军队意外地离开了阿提卡。当反叛的萨摩斯人于公元前440年向斯巴达求援时，斯巴达人认为没有理由打破公元前446年缔结的和约，并且也不想插手第一阿提卡海上同盟的事务。甚至当科林斯和墨伽拉在伯罗奔尼撒战争前夕（前432年）抱怨雅典的干涉时，大部分斯巴达人并不觉得雅典对其构成了严重威胁。阿奇达穆斯国王强烈呼吁斯巴达民众保持冷静克制，他建议应该采用军备战来对抗雅典。在经历了一场激烈的国内政治辩论后，斯巴达才确立了战争主张。斯巴达每年选举产生五位检察官，其中斯提尼拉伊达试图联合其余四位同僚，反对国王阿奇达穆斯。斯提尼拉伊达声称代表斯巴达的真正利益，并且指责雅典破坏了和平条约。在斯提尼拉伊达的鼓动下，斯巴达人进行了两次表决，第一次表决采用传统的呼喊形式，但是之后又按照斯提尼拉伊达的意愿，以“公告的形式向战争推进”（《修昔底德》，1，87，1）。由此，公民大会不得不分成了主战派和主和派，并且主和派陷入了被动。

斯提尼拉伊达最后取得了胜利，其外交政策占有绝对优势。尽管阿奇达穆斯并没有对雅典的威胁做出错误判断，但他并不认为同盟国对雅典人的抱怨严重到需要让斯巴达马上卷入战争。而斯提尼拉伊达的看法与之不同。科林斯曾公然威胁说，如果斯巴达不重视他们的利益，就要退出伯罗奔尼撒联盟，甚至与斯巴达的宿敌阿尔戈斯结盟。由于当时斯巴达并不具备雅典的资源，也无法启用金库和海军舰队，所以只能韬光养晦，仅在伯罗奔尼撒半岛组建联盟。斯提尼拉伊达在斯巴达的一次全体公民大会上说："你们既不能容忍雅典变得更强大，也不能背弃我们的盟友。"（《修昔底德》，1，86，5）

控诉和理由：雅典与科林斯的冲突

修昔底德认为，对于战争爆发的控诉和问责（并非单纯的原因）非常重要，以至于在第一本书当中，他用了极大的篇幅描写雅典和科林斯冲突的细节，即克基拉、科林斯和雅典之间错综复杂的关系，以及关于波提狄亚的争端。

科林斯是最早在西西里岛建立殖民地的希腊城邦之一，并且在远古时代科林斯就建立了遍布伊奥尼亚海和亚得里亚海东岸的整个殖民地网，其中包括后来独立的岛屿城邦克基拉（科孚岛）。公元前6世纪，科林斯的工程技术登峰造极，造出了希腊最先进的战舰。虽然这段辉煌的历史已经过去很久，但科林斯人并没有放弃他们在海上扩张的野心。科林斯试图通过干涉埃比达姆诺斯（迪尔拉奇乌姆，现今阿尔巴尼亚的都拉斯港）和克基拉之间的冲突，来确立在亚得里亚海区域的影响力。虽然埃比达姆诺斯是克基拉建立的，但是其中一位参与创立殖民地的领袖恰好来自科林斯，于是科林斯人认为他们有足够的理由支持埃比达姆诺斯。公元前 435 年盛夏，科林斯在对战克基拉的琉基姆尼海战中惨败，克基拉收编了反叛的埃比达姆诺斯，攻占了琉卡斯等科林斯的殖民地。

当科林斯正准备报复时，克基拉转而向雅典寻求帮助。但雅典只愿意和克基拉缔结不完整的攻守同盟，即所谓的“防御性同盟”。只有当克基拉遭到袭击时，雅典才出兵援助。这意味着绕开公元前 446 年提出的和平条约，避免了与和约伙伴（这里指科林斯）发生敌对冲突。在这种棘手的情况下，保持绝对的中立可能是最好的办法。科林斯的一位公使在雅典公民大会上也这么建议，但是雅典并不想保持绝对的中立。

来自科林斯的潜在危险确实不容小觑。起初，雅典允许科林斯从自己的土地上招募战舰桨手，并且乐于旁观科林斯和克基拉相互摧毁对方的大型战舰。但在琉基姆尼海战之后，科林斯采取了报复性军备行动，显示出科林斯已经逐渐具备了跨区域海战的能力。毕竟，科林斯已经说服了一系列希腊西部和中部的城邦为其提供船只作为增援，并率领 150 艘战舰和 3 万名桨手一同征讨克基拉。

如果没有雅典的帮助，克基拉必败无疑。克基拉人试图于公元前 433 年 9 月在西波塔岛与 110 艘科林斯战舰交战，但是在甲板上遭到重创，损失惨重。而雅典人派出的第一批 10 艘战船却只是在一旁观战，第二批雅典战船的出现才阻止了科林斯人登陆克基拉并扩大战果。可以理解，科林斯对因克基拉一战失败而失去重新建立海上霸权的机会深感失望。虽然有公元前 446 年的和平条约，但如果雅典不想让自己的海上统治受到威胁，就不能对科林斯放任自流。

科林斯和雅典的第二次冲突发生在波提狄亚附近，这是他们第一次冲突的直接后果。波堤狄亚位于哈尔基季基的帕伦尼半岛最窄的地方（卡桑德拉岬），因此，这个地方有着很高的战略意义和经济价值，这里收缴的赋税最初有 6 个塔兰同，后来提高到了 15 个。科林斯是这个城市最初的创建者，通过年复一年地向这个殖民地派遣最高管理者，科林斯得以维系和该城市的关系。当雅典把整个哈尔基季基纳入自己的统治时，波堤狄亚也不可避免地被迫加入了第一阿提卡海上同盟。

在西波塔岛海战之后，哈尔基季基的情况已经极其危险，雅典担心波提狄亚像科林斯一样离开海上同盟。马其顿国王柏第卡斯二世与雅典断绝了关系，因为雅典在马其顿王朝内部斗争中支持了国王的对手。虽然马其顿有着原始的国家结构，且长期受到封建势力斗争和蛮族的侵扰，但由于它的国土面积较大，并且占有制造战舰的关键原料，马其顿成了一个重要的区域大国。柏第卡斯二世已经与科林斯和哈尔基季基的人民建立了联系，如果科林斯在波提狄亚以任何形式表现出军事介入，局势马上将一发不可收拾，雅典将面临失去大部分控制权的巨大风险。于是，雅典要求波提狄亚的居民立刻结束对母邦科林斯的从属关系，将现任行政长官送回老家，并且在未来不再接受科林斯派来的最高行政官员（前433年／前432年）。波提狄亚一面和雅典谈判的同时，一面与斯巴达建立了联系（这种行为违反公元前446年的和约规定）。斯巴达许诺，一旦波提狄亚受到雅典的军事威胁，斯巴达将出手援助。仰仗这一承诺，公元前432年，除了波提狄亚人外，哈尔基季基人（原住民）

和波提埃阿人都叛变了。

早在波提狄亚反叛前，雅典就在公元前432年春向叛乱地区派遣了30艘战舰和1000名重步兵。科林斯人阿里斯特乌斯率领1600名重步兵志愿军前往波提狄亚增援，他们是在波提狄亚公开宣布反叛后抵达的。之后，雅典又进一步派出了40艘战舰和2000名重步兵。雅典的联合部队在与科林斯人和波提狄亚人交战之后，建起一道从哈尔基季基到马其顿的城墙，把波提狄亚封锁起来。另一支由1600名重步兵组成的雅典远征军从南边策应，把城完全封锁住。在伯罗奔尼撒战争前夕，抗击波提狄亚及其帮手科林斯的战场上短时间内聚集了4600名雅典重步兵和70艘雅典战舰。尽管一部分军队后来撤回，但仅仅是部队军饷的开支就已经非常巨大了。到公元前429年，波提狄亚最终提出投降的时候，围攻的花销已经达到2000塔兰同，将近52吨白银。

伯罗奔尼撒战争前夕的雅典内政：伯里克利是始作俑者吗？

克基拉和波提狄亚的争夺战是一场大战。在大规模战舰冲突后，科林斯对亚得里亚海域的控制力在与克基拉的交锋中受到威胁，同时，反叛的波提狄亚使得雅典在整个北爱琴海的统治权不再稳固，并且迫使雅典动用了大批军队。面对雅典，科林斯只有一个办法，就是用非常夸张的方式向斯巴达求援，并且使战争升级。与科林斯和雅典的冲突相比，修昔底德对于伯罗奔尼撒战争前其他冲突的讲述就模糊得多，墨伽拉的冲突就是其中之一。小城邦墨伽拉属于伯罗奔尼撒联盟，但是直接与雅典毗邻。雅典和墨伽拉关系并不和睦，墨伽拉曾经短暂地归属过雅典，但在公元前446年又脱离了雅典，并且屠杀了雅典的驻军。公元前439年，墨伽拉曾经的殖民地拜占庭发生暴动，墨伽拉很有可能参与其中。（这一大片区域都归属了雅典，然而墨伽拉对雅典不满，就策动拜占庭暴动。）可以肯定的是，墨伽拉曾通过增派战舰来支援科林斯打击克基拉，因此，雅典对墨伽拉这个没什么好感的小邻居发动了数次攻击，墨伽拉把这些都向斯巴达哭诉了。

所谓的“墨伽拉禁令”（Megarische Psephisma）扮演了一个特殊角色，通过这项决议，雅典把墨伽拉人排挤出自己的市场和海上同盟的港口。公元前4世纪的这段历史深受当时喜剧和民间流传的历史故事影响，根据记录，这种经济封锁行为被认为是伯罗奔尼撒战争的真正诱因。由此，墨伽拉禁令和雅典政治领袖伯里克利之间建立了某种联系。伯里克利在审判了自己的亲朋好友（菲狄亚斯、阿那克萨哥拉、阿斯帕齐娅）之后，感到他的地位岌岌可危，同时与墨伽拉的摩擦逐渐升级。因此，他亟须找到一个战争的由头，把自己从内政的泥淖中解放出来。史学家普鲁塔克写道（《伯里克利传》，32，齐格勒译）：由于害怕可能到来的审判，伯里克利“将灰烬里闪烁的战争火种吹成了明亮的火焰”。

修昔底德认为，伯里克利此举不掺杂任何自私的个人动机。正是由于没有这样的动机，修昔底德认为伯里克利和后世的尼基阿斯或克里昂之辈截然不同。关于战争爆发的叙述，这位历史学家唯一认同的就是伯里克利确实支持墨伽拉禁令，据他描述，关于墨伽拉禁令的讨论属于他的外交辞令。这件事发生在斯巴达决定战争和战争实际爆发的那段时间。伯里克利提醒雅典人，哪怕面对微不足道的要求，比如斯巴达要求取消墨伽拉禁令，也要表现得铁面无私。

和更重要的科林斯之战相比，墨伽拉禁令在修昔底德看来显然属于引发战争的次要原因。历史学家的叙述是为了证明伯里克利的战争决定客观上只是由外交政策的困境导致的。修昔底德关于伯里克利的论证是完全可以理解的：斯巴达的终极诉求集中在要求雅典交还同盟的自治权，从而对同盟的大部分组织发展提出质疑，这些要求是斯巴达及其盟友处心积虑试图分裂第一阿提卡海上同盟的最终产物。或许爱琴海北部与波提狄亚并不是雅典的统治受到威胁的唯一地区。顺便说一句，米蒂利尼这样强大的城邦在伯罗奔尼撒战争前夕肯定也与斯巴达取得了联系，以便为脱离海上同盟做准备。把部分城邦留给斯巴达或科林斯，或者任由盟友干预统治权，对于雅典来说都意味着自身统治权受到侵蚀，或者是接受了放弃统治权。在一无跨国供给能力，二无外国资源就无法生存的情况下，不放弃对雅典来说就是天方夜谭。雅典整体的繁荣和民主的运行在当时是一个不可分割的整体。因此，雅典陷入进退维谷的境地。参战固然有巨大的风险，但是避免战争的爆发并不能保证统治的完整性。

人们可能会怀疑，伯里克利究竟在多大程度上能够证实修昔底德对他的评价。毕竟，修昔底德作为雅典贵族精英的一员，他本人就认识伯里克利。他在伯里克利去世几年后自己也当上统帅，因此，当他知道要参战的时候，得到的是第一手的信息。无论如何，在这个问题上最好同意修昔底德的判断，而不是为伯里克利的战争决策寻找那些在古代史料中无法证实的主观动机。比如说，在经过多年的和平之后，雅典由于财政危机而掀起一场谋求利益的战争。要理解伯里克利的决定，一定不能用现今的标准来衡量。毕竟，雅典长达数十年的帝国主义政策已经激起了反对声浪。在古代强权政治的条件下，伯里克利的战争决策并不是一个模糊的宿命论的误判，单纯地认为战争不可避免。当人们接受了一个前提，即雅典的统治权（通过海战赢得的）是一个值得保留的产物，于是像斯巴达和科林斯的行为，雅典必须使用强制手段或军事力量来维持这种岌岌可危的统治。单从这个意义上讲，修昔底德认为战争的爆发是“必要的”。

第二章

阿奇达穆斯战争（前431年—前421年）

战争的进程：公元前431年至前426年的动荡

阿奇达穆斯战争刚开始的时候，没有任何一方预料到这是一场旷日持久的战争。因此也无怪乎斯巴达每年都为夏季作战短期派出自己以及伯罗奔尼撒联盟国家的步兵，却从没进行过全面战略规划。雅典方面希望把战场集中在海上，并且避免与斯巴达占优势的陆军作战，从而迅速歼灭对手。伯里克利提出的这一建议并不是什么天才的创举，而是雅典吸取长期成功的海防经验的结果。

当阿奇达穆斯在伯罗奔尼撒战争第一年率军入侵阿提卡的伊斯摩斯（科林斯地峡），并且像几百年来惯常挑起邻里战争那样破坏秋收时，雅典并没有介入。原则上讲，为了避免在阿提卡本土发起任何军事行动，伯里克利把农村人口，也就是绝大多数的雅典公民撤到了城里。民众将在城里以及长墙以内安顿下来，直到斯巴达军队再次撤离。在伯里克利死后（前 429 年），直到公元前 425 年，尽管农民需要克服离开自己土地的心理障碍，尽管后来“瘟疫”暴发，每当伯罗奔尼撒事件重复发生时，都会保留伯里克利使用的这种方法。在阿奇达穆斯战争的最后几年，雅典人有时毫无理由，有时是为了回应斯巴达的进攻,他们偏离了伯里克利战略的第二部分。他们不仅仅局限于用战舰攻击斯巴达的海岸线，而且策划实施更大规模的行动，最明显的就是雅典重步兵军团错误地进攻底比斯人和玻俄提亚联盟（前 424 年）。

阿奇达穆斯战争被分解为完全不同的几个维度的行动。修昔底德有时将这些行动描述得非常详尽，有时又十分模糊。描述的笔墨多少并不一定取决于事件实际的重要性。修昔底德非常细致地描述了相对较小但战略意义很重要的城邦普拉蒂亚，而对于拉马卡斯那种显然并非无足轻重的战役却一笔带过。在这场战役中，雅典在失掉自己的舰队之后，只能绕田间小路才能从本都的赫拉克利亚跑到比提尼亚。这种将各式各样彼此相连的单独事件详尽描述，然后组织成一本战争记录合辑的做法，当然不只出现在修昔底德的叙述中，而是贯穿整个阿奇达穆斯战争，像所有古代战争一样，由一系列持续几个星期或几个月的战斗组成。即使在一个短暂的战役中，有时也很难确定一个总体的战略目标，将军们更多的是处理随机出现的情况。尼基阿斯出于这个原因，而不是因为他想有条理地对斯巴达人前一年的行动做出反应，于是人们发现尼基阿斯在公元前 426 年的军事冲突中先是在南基克拉泽斯（在锡拉岛附近），而后又到玻俄提亚和当地的海岸线前。在阿奇达穆斯战争中，大规模的、具有战争决定性作用的战役极为少见，更多的是按照小型战争的方式进行的围攻，诸如劫掠、打击秋收或者对部分平民进行袭击。

战争的开始（战争的第一年：前 431 年夏季；前 431 年 / 前 430 年冬季）是底比斯突然进攻阿提卡边界的小城普拉蒂亚，结果却失败了。普拉蒂亚此前加入了雅典的阵营，并且坚决拒绝了底比斯人主导的玻俄提亚联盟。几个星期后，阿奇达穆斯首次率军进犯阿提卡。作为回应，雅典人率 100 艘战舰开往伯罗奔尼撒半岛。雅典人摧毁了伊利斯，在爱奥尼海岸展开进攻（占领了索利安姆和凯法利尼亚岛），这引起了科林斯 40 艘舰队的反击。第二批共有30艘战船的雅典舰队摧毁了希腊中部的洛克里斯海岸线。同时，在另一场行动中，老对手爱琴海的民众被驱逐出境，他们的敌对情绪使得斯巴达人极有可能在萨罗尼克湾轻易地建立一个根据地。雅典重步兵部队入侵了墨伽利斯(这个场景经常重复出现，有时一年会上演两次)，在那里，雅典重步兵可以支援从伯罗奔尼撒半岛和亚得里亚海域返航的战舰。通过战舰和步兵的会合，雅典在这个不受欢迎的小邻居的领土上建立起了“所能建起的最大军营”，“因为这里对他们来说至关重要”(《修昔底德》，2，31，2)。雅典对战争第一年的进展还是非常满意的。因此，据修昔底德记载(2，35—46)，伯里克利在为纪念战争中牺牲的雅典人举行的国葬上发表的演讲透露出一丝乐观情绪。在这个所谓的仪式中，修昔底德立下一座理想的纪念碑，以纪念在伯罗奔尼撒战争中消亡的伯里克利时代的雅典政治体制。

在战争的第二年（前430年夏季；前430年/前429年冬季)，雅典暴发了流行性“瘟疫”，阿奇达穆斯率领整个伯罗奔尼撒三分之二的军队再次入侵阿提卡，在那里驻扎了40天。雅典派哈格农率领一支远征军对付仍被围困的波提狄亚。当4000名重步兵中有1500名死于瘟疫时，这支远征军不得不打道回府。然而在接下来的冬天，饥饿的波提狄亚人还是投降了，由此，民众得以自由撤离。雅典公民被安置回旧址。西边的局势也向有利于雅典的方向发展。斯巴达领导了一支 100 艘左右的舰队，舰船主要来自伯罗奔尼撒联盟（特别是科林斯），试图通过攻占扎金索斯岛来弥补科林斯在亚得里亚海域的损失，但是失败了。雅典将安菲洛奇亚人、阿卡奈人和雅典战略家弗尔米奥连同 30 艘战舰一同派往西部，攻占了安菲洛奇亚的阿尔戈斯。在冬天，弗尔米奥奉命率 20 艘战舰在科林斯湾阻击，并驻扎在出口处的纳夫帕克托斯。最终，在这一年的战争中，伯里克利前后投入 100 艘战舰，当他因为瘟疫必须班师回朝时，已经摧毁了伯罗奔尼撒半岛的部分地区（埃皮达鲁斯地区和拉科尼亚的一部分）。雅典对吕喀亚的一场行动失败了。

战争的第三年（前 429 年夏季；前 429 年 / 前 428 年冬季），尽管伯罗奔尼撒人已经行进到伊斯通，但由于瘟疫的威胁，他们放弃了对雅典陆地领土的入侵。反而是被长墙围困的普拉蒂亚在一年后（前 428 年 / 前 427 年冬）不得不投降，而雅典人一直处于被动。雅典人在接收普拉蒂亚之后（前 429 年），多次设法扩大他们在哈尔基季基的势力。雅典远征军最终却在斯帕特罗斯以失败告终（至少430人阵亡）。在科林斯湾西边的出口，战争还在继续。弗尔米奥深思熟虑，率领雅典战舰采用灵活巧妙的战术在两场海战中大败接连部署的两支伯罗奔尼撒舰队（分别在佩特雷和纳夫帕克托斯）。同一时间，科林斯殖民地的一支军队在亚得里亚海域（安布拉基亚、阿纳克托里翁和琉卡斯）试图攻占与雅典结盟的阿卡纳尼亚时，遭遇了一场惨败。斯巴达的克涅姆斯不得不试图在比雷埃夫斯突然发动政变，与伯拉西达决裂。从这个时候开始，受到警告的雅典人就被封锁在了比雷埃夫斯。

战争的第四年（前428年），伯罗奔尼撒人又开始像每年一样进攻阿提卡。莱斯博斯岛的盟友米蒂利尼背叛了雅典，希望能得到斯巴达的支持。于是雅典立即在6月派遣了一支舰队，然后在秋天又额外加派了1000名重步兵，在帕基斯的领导下对该城进行围攻。直到第二年夏天（前427年），斯巴达舰队指挥官阿尔基达斯才率舰队前往莱斯博斯岛。在此期间，米蒂利尼内部的争端导致米蒂利尼的领导人和帕基斯谈判，并将米蒂利尼的命运交给雅典公民大会。阿尔基达斯在伊奥尼亚海岸郁闷地待了一段时间后，最终带着未完成的使命返回了伯罗奔尼撒半岛。在莱斯博斯岛失败后，斯巴达舰队试图介入克基拉，那里的贵族争斗导致了亲雅典和亲斯巴达派系之间的残酷内战。在西西里，雅典派出20艘战舰前去支援爱奥尼的城市伦蒂尼来对抗叙拉古。叙拉古是其母邦科林斯和斯巴达的最佳联络地，因此，在雅典的政治逻辑中被视为潜在的危险。次年，雅典战略家拉齐斯成功地将迈莱和墨西拿收归雅典的统治之下。在拉齐斯被罢免后，他的继任者没有取得什么成就。最终，杰拉议会同意停战，雅典第一次远征西西里于公元前424年宣告结束。

第六年，战争在希腊西北部升级。在与艾托勒的小规模战争中，雅典在德摩斯梯尼的领导下遭受了重大损失。当然，这一损失可以从奥尔匹战役大捷中得到补偿。那一战中，一边是伯罗奔尼撒人和科林斯属地安布拉基亚的居民，另一边是阿卡纳尼亚人、安菲洛奇亚人和雅典人。关键是，在整个安布拉基亚军队打仗时，其中一部分人是在睡梦中被惊醒并遭到屠杀的。按照安布拉基亚的人口比例来算，这一次他们遭受了战争以来所有希腊城市未曾遭遇过的最大损失。然而，雅典在这片区域的统治还是结束了，因为阿卡纳尼亚人和安菲洛奇亚人更愿意和安布拉基亚缔结和平，而不是将自己置于强权雅典的统治之下。

德摩斯梯尼对西北的军事行动有长远的打算。他希望从这一地区出发，经过福基斯进攻玻俄提亚。此外，还可以将军事行动向希腊中部和北部转移：一方面，色萨利以南的斯巴达人建立了赫拉克利亚的大型基地，从而使得伯罗奔尼撒人在远离本岛后仍能继续开展行动。另一方面，雅典统帅欧律墨冬率领全部的雅典重步兵军团入侵玻俄提亚的塔纳格拉，并且与被运送到海上，再投放到玻俄提亚和雅典边境线的尼基阿斯的军队合作。随着战争地点的迁移，公元前426年，阿奇达穆斯战争最后几年的重要军事决定粉墨登场。公元前425年出现一个转折，斯巴达渐渐疲于战争。斯巴达国王普雷斯托阿纳克斯曾经由于中止和雅典的战争，被当作叛徒于公元前446年流放。而这时，他得到回国的许可。同时，斯巴达开始寻求与雅典达成和平协议。然而，此时雅典国内强烈反战的声音反而有所回落，所以未能与斯巴达达成共识。

战舰和重步兵战

在阿奇达穆斯战争中，斯巴达的优势在于重步兵作战，而雅典的强项是海上舰队战，“那时（阿奇达穆斯战争中），双方都流传着对方的传说，一个是陆地强国，拥有最强的步兵；另一个是海上强国，在战舰作战方面无往不利。”（《修昔底德》，4，12，3）雅典的海上优势是这样形成的：一个舰队需要具备非常复杂的组织服务体系，雅典人自希波战争起就不断精进这方面的能力，并且达到了其他城邦无法企及的地步。战争初期，伯里克利从预算中安排了300艘随时可供调动的三列桨座战船。要停放如此之多的战舰就需要建造一个特殊的基础设施，即在泽亚港建一个圆形的港湾，加上比雷埃夫斯港的蒙尼奇亚湾，可以作为海军的港口，并增设船厂、船屋和武器库。建造战舰是一项花钱如流水的工程，所需的材料都要从雅典全境运来。船体的板子是长长的云杉，龙骨必须用橡木制成。缝隙必须用沥青填补，以达到防水功效，像大多数造船木材一样，这一材料也来自爱琴海的北部海岸。为了保护外壳，雅典人使用了红铅漆，红铅粉原料只产于科奥斯岛。不仅战舰的建造需要复杂的工艺，而且在整个航行过程中也长期需要这种工程技术。与中世纪的造船业不同的是，船体的外壳不是被钉在骨架上，而是在内部骨架加固之前就事先构建一个由榫卯和木板组合在一起的自我支撑系统。因此，整艘船都处于一种极度紧张状态，它是由一条长 100 米且在船壁内部呈锯齿状的绳索（Hypozoma）维系的，必须通过绞盘再拉紧。为了保持良好的水中滑行能力，这些三列桨座战船在战斗中必须一次次地被拉上岸，以便木头得以干燥。已经无法使用的部件必须由甲板上层的木工及时更换。

按照船自身的比例来说，大型战舰的操控和转向已经非常快速，（船体长 32 米，宽 5—6 米，高 2 米多，吃水深度极低，仅为 1 米），但在公海行驶就非常危险了，因此需要大量的航海专家，尤其是舵手。长途跋涉时，人们还需要用到桅杆和巨大的帆，这是由舵手助理和海员共同负责的。海战时或短途行动时，桅杆会折叠起来，偶尔也会放回陆地。这次雅典派出了约 170 名桨手参战，占全部桨手(200 名)的绝大部分。只有在极少数情况下，船上的士兵（Epibaten）才会在甲板上作战。规则是这样的：这种战舰会用它的撞锤作为武器进行攻击。撞锤重达 200 公斤，是用青铜加固的木梁制成的。由于三列桨座战舰是由三排（类似上中下铺位）固定座位的桨手有序驱动，在进攻时可以达到极快的速度，在最后一刻，战舰可以扭转方向，（用撞锤）刮掉敌方的桨手，进一步横向损坏敌方一侧的船身，或在围攻的过程中从侧面撞伤敌船（突破战术和包抄战术）。在这里，桨手的划船技术至关重要。首先是最上层的桨手，他们必须通过一个舢外桨架，以一个非常陡的角度控制单桨（每排桨都是统一的 4 米长），这些桨手必须具备丰富的经验和足够的力量。最下面一层的桨手（Thalamiten）虽然能够以一个比较舒适的角度将桨划过水面，但他们被禁锢在甲板之下，不得不忍受船体底部逐渐聚集的臭气。对于这种船的滑行演练，以及在狭小船体入睡和快速做饭的能力，都需要进行长期训练。因此，即使是在和平时期，每年夏天都有 12000 人在 60 艘船里进行长距离航行练习。由于划船的士兵和其他水手都有工资，这种漫长的练习航行也需要耗费巨大的资金。

哪怕是斯巴达最擅长海战的同盟，最厉害的科林斯人，也无法在任何方面与雅典舰队比肩。早在西波塔岛海战中，两者的实力就已分出高下。当时，科林斯人还在使用古老的方式，即依靠步兵在甲板上战斗。凭借先进的战术，雅典人于公元前 429 年在统帅弗尔米奥的领导下，以 20 支战舰对抗科林斯及其斯巴达盟友的 47 支战舰，并赢得了帕特雷海战的胜利。在雅典舰队的逼迫下，伯罗奔尼撒人不得不在科林斯湾到亚得里亚海中间的海峡作战。他们认为，可以把舰队摆成一个圈，“船头向外，船尾向里”（《修昔底德》，2，83，5），来防止雅典实施突破战术。雅典舰队排成纵列，跟随伯罗奔尼撒的船只绕行，绕的圆圈越来越小，“总是差一点就刮到，马上就戳到船体”（《修昔底德》，2，84，1）。弗尔米奥仔细观察小气候，并且准确地把握时机。当海湾的风吹来，引发了小小的混乱，把紧紧挤成一团的伯罗奔尼撒船只吹散了一点的时候，弗尔米奥下达了进攻命令。如同计划的那样，首先，一艘统帅的战舰沉没了，群龙无首的伯罗奔尼撒船只最终只能疯狂逃离，七零八落地逃往帕特雷和狄米。

雅典在帕特雷海战中清楚地展示了其航行技术，出于对这种技术以及雅典整体舰队优势的恐惧，在阿奇达穆斯战争中斯巴达人没能实现制定的战争目标，即解散第一阿提卡海上同盟。斯巴达仅进行了一次爱琴海大范围的航海行动，并且以失败告终。公元前427年的军事行动中，斯巴达海军上将纳奥尔克·阿尔基达斯在与小亚细亚海岸的希腊邻居接触中表现得极其笨拙和恐惧。当斯巴达舰队被两艘雅典海军巡逻舰（萨拉米尼亚号和帕拉利奥斯号）在克拉罗斯岛上发现时，阿尔基达斯最终“由于害怕被围追，哪里都不愿停留，径直跑回了伯罗奔尼撒半岛”（《修昔底德》，3，33，1）。

因为雅典在西西里远征（前415年—前413年）中没有赌上大部分身家，在阿奇达穆斯战争中雅典显然依旧能保持它的技术和组织优势。而利用在奥林匹亚和德尔斐积累的财富，斯巴达公开招募伊奥尼亚人桨手，发展出一支自己的强大舰队，这让斯巴达备尝甜头。即使在狄凯里亚战争前，斯巴达派使者前往波斯时，斯巴达也没有认真考虑寻求波斯的财政补贴。

另一方面，斯巴达对自己的重步兵有着不可动摇的信心。公元前7世纪，虽然希腊其他列强在古代晚期的重步兵战术方面有所精进，但只有斯巴达将其发展为全民皆兵的战斗模式。在理想的情况下，重步兵方阵如同机器一样，在事先清理好的战线上前进，所向披靡。配备的武器是专为阵形作战时重步兵方阵中的个体设计的。斯巴达人用饰有“λ”（代表国王拉刻代蒙）的巨大圆盾保护自己，同时穿戴一副厚重的胸甲（Thorax）。虽然科林斯保护脸部的头盔会阻挡一部分视线，但是对在队列中的战斗丝毫没有影响。护腿（Knemides）保护了盾牌覆盖不到的小腿部分。当双方战斗进入盾牌对盾牌阶段（称为“othismos”），双方倚着盾牌向对方敌军加压，这需要依靠后方同胞的推力把对方挤走。攻击武器里配备了一个长矛，它不仅可以用尖端刺人，同时还额外安装了一个磨尖的包头，在方阵挺进的时候还可以再次刺伤躺在地上的敌人。因为士兵都是左臂持盾（这种盾配有两个把手），右臂持矛，所以右边相邻的人必须保护裸露的一侧。因此，在古代的重步兵战中，总是右翼的战斗力比左翼要强。斯巴达右翼重步兵的胜利是必然的。那么，右侧在大胜之后是否能够控制剩下的局面，就至关重要了。

斯巴达和伯罗奔尼撒联盟的其他国家共同组建了一支战无不胜的重步兵团。然而，在伯罗奔尼撒战争前夕，雅典也有 13000 名公民在重步兵团服役，并且在诸如对抗叙拉古的战役中大获全胜，声称重步兵军团所向披靡。虽然，雅典的重步兵质量是无法和斯巴达及其伯罗奔尼撒盟友相提并论的。但只有在特殊情况下，雅典重步兵和斯巴达对阵时才处于劣势，比如曼丁尼亚战役(前 418 年，阿奇达穆斯战争刚结束后)，比如装备精良却纪律性不强的克里昂远征军在安菲波利斯对战伯拉西达。斯巴达的伯拉西达未出战就已预估希腊重步兵军团有多么缺乏战斗精神。“他们完全顶不住我们，士兵的头和矛头的动作已经出卖了他们，那些闪躲导致他们经不起任何攻击。”(《修昔底德》，5，10，5)

对于雅典人来说，最好避免和斯巴达人正面相遇。

哪怕是斯巴达入侵阿提卡，造成破坏，雅典人感到痛心时，也谨记这一原则。随着战争时间的推移，斯巴达人试图重拾战无不胜的神话，因为他们很少陷入必须在军事上证明自己的窘境。但公元前 424 年，斯巴达重步兵团在斯法克特里亚岛被俘虏，这使他们的名誉蒙上污点。必须有人为岛上斯巴达重步兵战略的失误负责。在当时的战斗中，雅典重步兵虽然按照阵形排开，却并没有和斯巴达人正面交战，而是让轻武器步兵通过射击杀死敌人。经过漫长而激烈的反抗，被包围的斯巴达人别无选择，只好接受休战间隙的谈判然后投降。这对于斯巴达重步兵的纪录来说，着实算不上“美好”的行为。在斯巴达，人们喜闻乐见的是好的行为，这表示，这些被雅典释放的斯法克特里亚战士几经周转之后却在斯巴达失去了他们的公民权利，并且为人所不齿。

在伯罗奔尼撒战争之后的一代人中，被当作战无不胜的斯巴达人在普通大规模战争中再次被打败，即在留克特拉战役（前 371 年）中被底比斯人打败。玻俄提亚的底比斯重步兵军队在伯罗奔尼撒战争中已经崭露头角。就是在和这支军队交锋时，雅典重步兵遭遇了整个伯罗奔尼撒战争期间最惨烈的失败。确切地说，（前 424 年）雅典在德里昂战役中被打得落花流水。这次战役发生在玻俄提亚和雅典的边境附近，德里昂正是玻俄提亚人的避难所。在公元前424年的全面进攻计划失败之后，雅典统帅希波克拉底率所有的雅典人（甚至包括在雅典定居的外邦人梅迪克）占领了这个圣所，并用栅栏和其他临时措施搭建了防卫堡垒。堡垒建成后，大多数雅典人正要撤离时，玻俄提亚派7000名重步兵（玻俄提亚总兵力的三分之二）从占据有利地形的小山丘下来拦截他们。当时最重要的玻俄提亚城市底比斯的军队担任了最强的右翼，这部分纵深有25行，但非常窄，其他玻俄提亚城市的军队组成了中部和左翼力量。雅典重步兵在人数上并不逊色，他们排成8行纵深的战斗队列，正面宽度875人。当两个阵营发生冲突时，和预期的一样，玻俄提亚较弱的左翼在激烈的战斗中被雅典人打得节节倒退。后来右翼的底比斯人假装获得了胜利。但决定性的逆转是山丘上出现了玻俄提亚的骑兵，这使原本一侧刚刚取得一定胜利的雅典军队陷入了恐慌，他们以为那是敌军第二军团的先锋部队。当雅典人下令解散队形四处逃窜时，他们遭遇了最大的损失。“他们当中有的跑到德里昂的海边，有的跑到奥罗浦斯，还有的去往帕内斯山，每个人都希望获得救援。但是玻俄提亚人追上了他们并大开杀戒，尤其是对骑兵，被杀的包括雅典自己的骑兵和赶来救援的洛克里斯人。此时夜幕降临，打断了这场杀戮，大部分四处流亡的希腊人侥幸逃脱了。”（《修昔底德》，4，96，7—8）

玻俄提亚人的胜利不仅要归功于底比斯先进的重步兵，还要感谢骑兵的介入。尽管这个部队类型在整个古典时期并不是很重要，但是在某些事件中却起到了决定性作用。由于重步兵的灵活性有限，单纯的重步兵战术往往更多地需要别的机动部队作为补充。和相邻的其他远古时期相比，伯罗奔尼撒战争有着更大的活动空间，这段时间内大部分军事行动都涉及迅速行军以及攻占。特别是德摩斯梯尼在希腊西北部进行的战斗，进一步证明重步兵的装备更多的是一种拖累，更为灵活轻装的艾托人可以迫使笨重的雅典人在紧急追赶和溃败后，最终必须逃往“无望的峡谷和他们并不熟悉的地区”（《修昔底德》，3，98，1）。在那里，一部分逃跑的雅典人会被长矛刺穿，其余的大多数逃进树林里，但艾托人早已在林子里设好了火圈，将他们尽数烧死。最终，类似的紧急状况导致了很长一段时间内对轻步兵很重视，他们配备的是轻型盾牌。在伯罗奔尼撒战争时期，一方面，这些轻步兵多是招募来的外族雇佣兵，这里招募的主要是色雷斯的雇佣兵；另一方面，桨手在登陆以后也能作为轻步兵进行作战（前410年在以弗所）。另外，当重步兵不参与编队战斗时，他们本身并不总是穿着沉重的青铜盔甲。尤其是和手无寸铁的百姓交战时，装备的价值就更小了。伯罗奔尼撒战争中的大屠杀多是轻步兵所为。

心态变化与其残暴性：瘟疫以及克基拉的内战情形

在希波战争中，战争行为仅仅局限于一些战斗。所谓第一次伯罗奔尼撒战争也是一样的。这场战争从公元前457年持续到公元前446年，其间，自公元前451年起还休战了五年。相比之下，阿奇达穆斯战争一刻也没有间断过。修昔底德深刻地描述了战争是如何通过灾难和意外的打击，甚至包括它持续的时间，从根本上改变了卷入战争的人的心态。

其中一个突发事件就是公元前430年的瘟疫。战场本身并没有引发瘟疫，但是战争时期大批农业人口在城市和长墙内聚居，无疑将这场灾难扩大了。“除了当前的麻烦外，从农村一起迁居到城里，特别是那些后来加入的人就更加悲惨了，因为没有足够的房子，他们必须在大夏天闷在令人窒息的箱子里，横七竖八地在瘟疫中死去。”（《修昔底德》，2，52，1—2）当时在希腊语中，瘟疫被称作“流行病”。修昔底德能够描述瘟疫，因为他本人就曾经被感染过。然而，他的描述却无法与今天已知的疾病相关联，也许是2500年前人们看待疾病的方式不同，也许那是完全不同的传染性病原体。修昔底德不仅从医学角度描述了瘟疫暴发的过程，也描写了在这种糟糕境遇下折射出的人与人之间的关系。根据他的描述，瘟疫是众多战争导致的、打破文明面纱的极端境况之一，所有社会秩序和道德秩序的彻底崩塌才是真正的灾难。“死尸彼此重叠，半死之人在路上滚来滚去，挪向井边贪婪地汲水。他们驻扎的圣殿里放满了死人，大多都是在里面死去的……总的来说，疾病是蔑视所有价值的开始。人们从前想要掩饰的赤裸裸的欲望，在此刻更容易付诸行动。他们看到富人和死人之间的转换有多么迅速，曾经一无所有的人立刻就侵占了那些刚死之人的财产。因此，他们觉得及时行乐是非常正确的，因为身体和钱财都是同样的稍纵即逝。”（《修昔底德》，2，52，2—53，2）

这场骇人听闻的瘟疫一定程度上导致了雅典人在战争的第二年就已经想放弃和斯巴达的对抗。因此，雅典向敌方派去了一个（不成功的）使节。伯里克利费了九牛二虎之力才说服雅典人继续坚持之前的战争。随着厌战情绪继续增加，政敌们最终得以暂时剥夺伯里克利的领导权，并且对他进行了起诉。然而，由于人们渐渐适应了战争，并且对“自身的苦难”麻木（《修昔底德》，2，65，4），伯里克利在他死前不久（前 429 年）又重新当选为统帅。雅典人在伯里克利死后才果断地从他的战略中摆脱出来，按照修昔底德的说法，开始犯一个大错。

修昔底德的兴趣显然在于雅典参战的头几年里民主和政治领导人伯里克利之间的关系。最重要的是，关于瘟疫的描写展现了一幅末日屠戮的景象，在修昔底德看来，这是伯罗奔尼撒战争对于历史最重要的影响，因为希腊人遭受的不仅仅是战争，还有内战、地震、旱灾以及瘟疫之苦。（《修昔底德》，1，23）

修昔底德还有可能想要揭示更深一层的关系。人们推断，修昔底德希望借助瘟疫的描述表明，伯罗奔尼撒战争是一种象征意义上的影响希腊各个城邦国家的疾病。或者对瘟疫的描述实际上是想追溯曾经的国葬，即伯里克利主持的纪念公元前 430 年雅典阵亡将士的祭礼。修昔底德通过描述在伯罗奔尼撒战争中凋敝的伯里克利统治下的雅典，来表达他从一开始就不支持战争的态度。显然，修昔底德并没有给瘟疫本身定义一个意义深远的角色。在修昔底德眼中，瘟疫的发生本身已经够可怕了。他认为“它折磨的是雅典人民，损害的是他们的力量”（《修昔底德》，3，87，2）。它至少消耗了雅典四分之一能够服兵役的人口，如派往波提狄亚的4000名重步兵远征军中，有1500名死亡。

同样的情况也适用于修昔底德历史著作中另一个著名的时期——对克基拉的描写。在这里，修昔底德清楚地写道，克基拉内战本身已经非常残酷，它足以作为希腊人与战争时期政治生活残酷化的例证。

克基拉的苦难史从公元前427年持续到公元前425年，起因是科林斯人将琉基姆尼和希波塔群岛的克基拉战俘释放并送回了克基拉。这些战俘属于克基拉的贵族阶层，他们暗地里同情克基拉的寡头派。作为第五梯队，他们蓄谋将克基拉转向科林斯一边，但计划失败，并且使克基拉领导层的矛盾越来越尖锐。最终，亲雅典派的领导人培西亚斯连同其60名追随者被杀死，寡头派试图以此阻碍克基拉和雅典现有的直接联系（通过加入第一阿提卡海上同盟）。在接下来的时间里，雅典和斯巴达反复干预已经公开化的内战，并且借此来构建“乡郊（demos）”。这场内战发生于亲近科林斯和斯巴达的富有寡头和与更大圈子结盟的贵族之间，以及民主派构成的公开内战进行干预。内战中各派之间的斗争升级，甚至连妇女都参与了街头恶斗，她们从房子里向外扔砖头，半个城市都处于火光之中。此时，寡头们处于绝望的境地，除非第二天雅典人介入混乱中的尼克斯特拉图斯，并且强制调解，他们才能得救。之后，失败的寡头们被拘禁在克基拉赫拉神庙前的一个小岛上，并有食物供应。接着就是各方来来回回的武力介入，首先是阿尔基达斯率领的伯罗奔尼撒舰队，然后是欧律墨冬率领的60艘战舰的雅典舰队。被运回赫拉神庙的寡头们，一部分被民主派处决，还有一部分死于自相残杀，还有的“上吊了”，他们“挂于树上或者按照各自的办法自杀了”（《修昔底德》，3，81，3）。随后，雅典舰队到来，进行了为期七天的全城大屠杀，消灭一切与民主为敌的事物。在这种情况下，欠债者会利用杀戮的机会，来摆脱债主的追讨。

但仍有几百名寡头采取了自救措施。他们先是作为宗教难民在对面的大陆定居，然后再潜回到岛上。在这场小型战争结束两年后，通过与雅典的盟约，克基拉人迫使这群流亡者投降。之后克基拉民主派用诡计绕开了投降协议，对剩下的寡头进行了新一轮大屠杀。修昔底德描述了这一事件的所有细节：“由此，内战终于结

束……。因为，其中一方已经没有任何值得一提的东西了。”（《修昔底德》，4，38，5）

正如修昔底德在“战争病理学”（《修昔底德》，3，82—84）中描述的那样，克基拉的内战只是伯罗奔尼撒战争期间发生在希腊领土上的众多冲突之一。甚至在伯罗奔尼撒战争之前，发生在城市内部公民之间的冲突、对峙都属于希腊政治生活中反复出现的冲突。在伯罗奔尼撒战争中，对峙也会爆发，甚至升级为极端事件，因为人们总是对雅典或者斯巴达的干预借题发挥。典型的一起事件就是克基拉最严重的一次大屠杀，它起因于两个好战的霸权强国之一率舰队出现在当地。因此，人民内部的战争冲突不仅是发生在社会经济领域穷人和富人之间的对抗，还会受到外交政策偏好的冲突影响，雅典的支持者（attikizontes）和斯巴达的支持者（lakonizontes）势不两立。

发生在科洛封、瑞吉昂和林地尼日益尖锐的冲突只是战争中的冰山一角，总体来说，这些战争越来越残酷。战争爆发后不久，希腊民众就习惯了大规模处决，并无视宗教、国际法的规章制度，这些在以前都是人们认为有义务遵守的东西。在伯罗奔尼撒战争之前，克基拉人已经将埃比达姆诺斯的新移民全部处决。某一种单独的行为并不足以说明问题，关键是这种残暴的行为反复出现的频率极高。

公元前431年，普拉蒂亚人处决了底比斯的囚犯。雅典警告墨伽拉，在阿提卡抓获的所有墨伽拉犯人都会被立刻处死，被伯罗奔尼撒人在公海拦截的阿提卡商人也会被立刻杀掉。公元前427年，普拉蒂亚被占领后，有200名普拉蒂亚人和25名雅典人在审判之后被处决。在公元前427年，雅典几乎从不温和地对待叛变城邦米蒂尼亚。公元前424年，雅典威胁说，如果斯巴达再次入侵阿提卡，就处决所有在斯法克特里亚岛囚禁的斯巴达人。在同一年，雅典突袭了泰里亚，处决了所有抓获的爱琴海流亡者。玻俄提亚人也好不到哪去，长期以来他们不顾人权，拒绝埋葬在德里昂战役中死去的雅典人。这样的清单可以一直列下去，直到《尼基阿斯和约》之后。公元前413年夏天，雅典由于经费紧张，将一支嗜血成性的色雷斯雇佣兵部队遣散回家。在雅典军官狄爱特雷菲斯的领导下，他们在途经玻俄提亚的一座小城米卡列苏斯时，将该城所有居民，尤其是学校里的孩子屠杀殆尽。修昔底德详尽地描写了这一段在战争中并不十分重要的阶段，旨在从不同角度表现战争的可恶和残忍，战争的发起者对其直接或间接地负有责任。因为对于斯基奥涅（前421年）和米洛斯（前415年）此前的大规模屠杀和奴役的记忆历历在目，雅典人在公元前404年投降前，害怕最糟糕的事情会降临在自己的身上。公元前407年，斯巴达指挥官卡利克拉提达斯主动放弃了将米西姆纳的公民当作奴隶贩卖，这是极为罕见的行为。

由于修昔底德在描述希腊内部暴行时表现出的同情，人们一再认为，修昔底德最终将伯罗奔尼撒战争视为希腊的内战。这当然会使修昔底德分析事件类型时变得模糊不清。虽然希腊内战的暴行和内战间存在联系，但是这种对应不是两个维度的合并，内战更多的是（伯罗奔尼撒）战争的结果。随着战争对财产和居民生存安全的破坏，对于无度交战和普遍残酷的习惯导致了大规模的心理变化，这种变化影响到了国内政治："在和平时期，或者一切顺利时，城市和平民的思想品德会更好，因为他们不会陷入不自主的胁迫中。然而，战争保留了日常生活中的轻率，它成为暴行的导师，把人群引向一种和当时背景相符的愤怒情绪。"（《修昔底德》，3，82，2）修昔底德用这些评论直指内部政治冲突中雅典人不断升级的失控，这种状况是由公元前411年到前404年寡头政变导致的，这也被证明是交战沉重的负担。在预见伯里克利之后的政治家所犯的错误时（《修昔底德》，

2，65，12），修昔底德认为，战争结束时，雅典人将互相攻击，并且以这种方式走向灭亡。

伯拉西达和克里昂：阿奇达穆斯战争的终结

公元前5世纪20年代中期，阿奇达穆斯战争期间，掌权的政治家之间爆发了内政冲突，并且冲突不断地升级激化。按照后来的习惯，这些冲突事件都被记录下来，并且给人造成一种印象，仿佛主张和平的“温和”民主派和主张战争的“极端”民主派是互相对立的。事实上，政治精英们更多地希望延续战争，并且提高帝国监管同盟成员的权力，并在必要的时候寻求特权，像在公元前427年戏剧化的辩论中，他们计划惩罚米蒂利尼。克里昂曾提出一项决议：处决所有米蒂利尼人，但是这项决议被另一个更温和的处罚取代，“仅仅”杀死1000名寡头，来替这个城市承担责任。

后伯里克利时期，政治家之间的内部政治冲突不是关于外交路线的根本分歧，而是要争当“老大”，以及尽量确保在公民大会上拥有最多的支持者。在战争的危机情况下，这种正常的政客行为无疑会导致严重的统治缺陷，这方面在阿奇达穆斯战争最后几年的主要政治冲突中表现得尤为明显，即克里昂和尼基阿斯之间的分歧。修昔底德认识克里昂，公元前 424 年曾是这位统帅的同事，因此，这可能导致修昔底德不能客观而冷静地评价克里昂的形象。修昔底德的描述与克里昂首次插手决策米蒂利尼的命运有很大关系，他认为克里昂是一个极具暴力的煽动者，并将伯里克利的战争方针推向了极端主义。甚至在克里昂掌权雅典的那几年，修昔底德也没有收敛对其贬低性的言论。修昔底德作为雅典上流家庭的后裔，对政客克里昂的行为表现出厌恶。克里昂一次又一次地试图与传统决裂，甚至以煽动性的言论、粗俗的服饰以及在公民大会的演讲中选用私人信件等细节上的形式迎合大众的口味，以求获得更多的支持者。新兴富贵精英的背景，加上这种新的政治风格，使得皮革制造商出身的克里昂能够成为“新政客”的首席代表。他的对手是极其富有的尼基阿斯，除了作为老贵族阶层的人民领袖和统帅之外，几乎没有其他背景。尼基阿斯试图通过其他方式获得知名度，比如通过公元前 426 年的战斗来展示他卓越的组织和军事统帅才能；再如对民间信仰表现出一丝不苟、发自内心的尊重，曾尽力按照规矩埋葬索利吉亚村留下的雅典人。但是，他的野心并不比克里昂小，而且，在公元前 425 年战争出现意外转折时，他忽视客观政治需求的个人野心已经很明显了。

这一年，德摩斯梯尼还没有任何职务，只是跟随一支新的舰队前往克基拉和西西里，并在伯罗奔尼撒半岛西部航行的时候，成功地在斯巴达的统治辖区赢得了一席之地，接管了皮洛斯，并且在那里建造了要塞。斯巴达人试图夺回这个阵地，他们占据了南边的一座小岛斯法克特里亚岛，并收编了岛上的一支步兵队伍，其中包括 120 名来自最顶层家庭的全权公民（斯巴达公民）助阵。当这支队伍被雅典舰队阻拦，并且以抓获的斯巴达公民来威胁时，斯巴达人提出了和平谈判的要求。尽管情况对雅典十分有利，但克里昂在谈判中不断地提高谈判价码，企图停止外交谈判，他的行为最终导致谈判破裂。最终，他成功地执行了德摩斯梯尼的战斗计划，并出乎他的政敌尼基阿斯的预料，如他在公民大会上宣布的那样，竟真的俘获了岛上的斯巴达公民。尼基阿斯属于雅典人当中所谓的“理智派”，起先他赞成克里昂率领一支精英小分队出动，是因为他们的爱国精神并不那么强烈，而且这群没什么军事经验的煽动者将会遭遇远征的惨败，那样他就可以用这种方式从旷日持久的纷争中摆脱出来。

在接下来的三年当中，克里昂的政治胜利给雅典带来了沉重的负担，并且引导出一种风气，坚信自己必胜的雅典人偏离了伯里克利的战争方针，错过了在最佳条件下缔结和平的机会。随之而来的是公元前 424 年的灾难，它紧接在公元前 425 年的胜利之后，虽然这一年年初尼基阿斯成功地夺取了凯瑟拉，占领了墨伽拉的尼萨亚港，但是同年 11 月，雅典重步兵军团的大部分士兵都在（上文所述的）德里昂战役中被歼灭。此前，斯巴达军官伯拉西达曾率领一支由奴隶和雇佣兵组成的部队由陆路经赫拉克利亚最后到达哈尔基季基。并按照计划，在希腊北部遇到了雅典的海军，此时雅典已经把大部分的资源都用于那里的海军建设，但阿堪苏斯和斯塔吉鲁斯通过他们的游说，不仅承诺自治，而且还承诺通过寡头派的影响让伯拉西达不费一兵一卒赢得这座城市，这样的损失对雅典来说太过痛苦。然而伯拉西达并不满足，他于公元前 424 年 12 月跨过了斯特律蒙的大桥，出人意料地出现在雅典北部最重要的根据地安菲波利斯的土地上。当指挥官（后来的历史学家）修昔底德还在路上准备去支援这座城市的时候，安菲波利斯的居民（他们当中只有很少一部分人是雅典人的后裔）已经同意接受伯拉西达提出的诱人投降条件。公元前 423 年的头几个月，色雷斯的其他几个城市（米金努斯、加利普苏斯、奥西米以及托伦涅）也相继落入伯拉西达手中。

由于害怕希腊北部进一步损失，雅典人在公元前423年春天决定寻求与斯巴达休战。斯巴达回应了这一请求，因为当时的最高统治者认为伯拉西达在色雷斯的成功是对其统治地位的更大威胁，而不是斯巴达的胜利；加上他的主要目的是为了让雅典释放之前擒获的斯巴达公民，因为其中很多人与他沾亲带故。最终双方同意维持现状，休战一年，斯巴达甚至同意放弃舰队的军事行动。但是，在停战谈判期间，伯拉西达围困了斯基奥涅，该城市在签订和平协议两天后脱离了雅典的统治。鉴于和平协议的签订和破裂几乎是同一时间发生的，人们的意见分成了两派。像克里昂这样的政客认为这是公然违反协议条款。而且在不久之后，随着门德归入斯巴达的统治范畴，对和平协议的违反就更显而易见了。

在这种情况下，重新当选统帅的克里昂鼓动雅典人反对尼基阿斯的主张，并在公元前422年4月率领庞大的远征军队伍（30艘三列桨座战船、1200名重步兵以及300名骑兵）向希腊北部进发。远征军一开始进展顺利，比如进攻托伦涅城时，妇女和儿童被卖为奴隶，成年男子被带到雅典接受判决。但随后灾难降临，克里昂在不具备大规模重步兵军队的领导力且军队没有严明军纪的情况下，过于轻敌，贸然开展了一场不必要的战斗部队行军至安菲波利斯城墙下。当雅典军队溃不成军地撤退时，伯拉西达冒险突围，并且落入雅典人无保护的侧翼。

公元前 425 年，克里昂迁往皮洛斯时，还能意识到自己欠缺指挥才能，只能执行别人的作战计划。然而，他的野心不仅限于当上斯法克特里亚的英雄，还想作为安菲波利斯的英雄，在军事上的威望超过尼基阿斯，这就导致了他后来的一败涂地。雅典有 600 人阵亡，其中就包括这位缺乏远见的指挥官自己。但斯巴达的宣传机构想要蒙骗大众，说他们这一方只折损了 7 个人。由于伯拉西达本人也在阵亡者之列，因此，安菲波利斯的胜利意味着以斯巴达国王普雷斯托阿纳克斯为代表的和平爱好者可以在斯巴达拥有绝对领导权，同时放弃大胆而旷日持久的摧毁雅典在希腊北部军事基地的计划。公元前 421 年 4 月 11 日，在斯巴达讨论数月的和平协议有了结果，“十年战争”由此开始，这意味着阿奇达穆斯战争结束了。雅典一方的和平谈判主要是由尼基阿斯主导的，他享用了政敌克里昂死后的胜利，在和平中看到了将自己的领导权力长久延续下去，并且“将自己的幸运变成必然”的可能（《修昔底德》，5，16，1）。

第三章

《尼基阿斯和约》和西西里远征（前421年—前413年）

和平条款缺乏落实

在所谓的第二序言中（《修昔底德》，5，26），修昔底德着重指出，公元前 421 年的和平并不是一个真正的转折点，这一和平并没有真正终结雅典和斯巴达之间的战争。对于这种目前非常个人化的、又没有与同时代的人达成共识的观点，修昔底德可以举出强有力的证据。公元前 421 年和平条约的重要条款并没有执行下去，在一些高度复杂的外交干预之后，雅典和斯巴达发生了代理战争，甚至直接对抗。

修昔底德将《尼基阿斯和约》的文本原封不动地插入了其历史著作中一个极少文饰的章节里。首先达成的是关于宗教范畴的一些条款（所有希腊人都可以进入泛希腊神殿，其中大部分都建在伯罗奔尼撒同盟的势力范围内；德尔斐的自治权）。实际上，在雅典和斯巴达包括他们各自的盟友之间，总共有五十年的和平时期，他们之间的分歧可以遵循政治规章，通过仲裁来解决。斯巴达甚至还进一步承诺退还伯拉西达攻占的希腊北部地区，特别是安菲波利斯。此外，与斯巴达结盟的玻俄提亚人必须撤离从雅典夺走的边境要塞帕那克敦。作为回报，雅典释放战争时期抓到的斯巴达公民，尤其是在斯法克特里亚岛擒获的斯巴达全权公民。此外，雅典还归还了克里法松（斯巴达名称为皮洛斯）和尼基阿斯占领的基西拉岛，以及伯罗奔尼撒半岛海岸线和希腊中部的一些小阵地。总而言之，条约意味着，虽然斯巴达对雅典归还城市的自治权表示了抗议,但还是承认海上联盟的存在。由此，雅典实现了伯里克利制定的战争的基本目标。

通过抽签的方式，判定斯巴达首先成为和平条款的落实者。但是，安菲波利斯城内的斯巴达指挥官克里阿利达斯拒绝违背当地人民的意愿将城市交给雅典人，同时斯巴达方面又缺乏执行和约条款的决心。虽然克里阿利达斯被斯巴达传唤回去，但是他又带着关于安菲波利斯的协议回来了，如果将该城直接移交雅典失败，就将伯罗奔尼撒的驻军撤离，这件事显然是算计好的。同样，对于帕那克敦的移交时，长期以来斯巴达一直都无法压制玻俄提亚人的抵抗，直到很久以后（前 420 年 5 月）这一要塞彻底处于被毁状态时，才重新归入雅典。

由于斯巴达的拖延，虽然斯法克特里亚的囚犯被释放，但雅典方面为了自身的利益也没有完全执行和平协议，这导致斯巴达的主和派发展壮大。但是雅典并没有交出皮洛斯，一直到公元前 409 年，一直将其据为己有。最终，雅典人还是同意将雅典士兵，而不是在那里抓获的对斯巴达恨之入骨的美塞尼亚奴隶派驻到皮洛斯。这样至少保证了皮洛斯不会成为反对斯巴达的暴动据点。

在《尼基阿斯和约》达成之后，尽管很多条款都没有执行，但是双方基本上处于平局状态。雅典人的宽容是因为斯巴达及其盟友面临巨大的困难，这种困难导致斯巴达领导的联盟体系瘫痪，而雅典即使不从中作梗也能坐收渔利。墨伽拉拒绝承认《尼基阿斯和约》，因为他们萨罗尼湾的尼萨亚港口还属于雅典。科林斯拒绝承认和约则是因为其恢复古代帝国的目标一个也没有实现，而且还失掉了索利安姆和阿纳克托里翁两个据点。

厄利斯由于争夺列普里昂的所有权而与斯巴达发生争执。曼丁尼亚人试图不顾斯巴达的意愿，在阿卡狄亚推行霸权。德里昂之战大胜之后，自信满满的玻俄提亚人认为，和平条约不足以钳制讨厌的邻居雅典。除此之外，斯巴达和阿尔戈斯之间的限时和约（30 年时间）也在《尼基阿斯和约》期间到期了。

这些困难首先导致斯巴达进一步与雅典和解，公元前 421 年 5 月，斯巴达人还跟雅典人签订了额外的和平协议。这项和约规定如果和约方的其中之一受到第三方进攻，另一方有义务帮助和约伙伴。就像希波战争结束后，在斯巴达和雅典的和睦时期，雅典会帮助斯巴达镇压突然爆发的奴隶起义。斯巴达和雅典的紧密关系扩大了斯巴达与盟友之间的距离，同时导致了一系列无法说明的复杂的外交行为：周边小城邦曾经短暂地有过成立一个对抗雅典的联盟的意向，其中包括厄利斯、曼丁尼亚、科林斯和斯巴达的老对手阿尔戈斯。由于阿尔戈斯持怀疑态度的民主派的介入，这个由寡头全权把控的玻俄提亚人的城邦像墨伽拉一样拒绝了这个中型联盟。科林斯作为这个中型联盟运动的实际发起者规避了风险，并且始终无法下定决心长期加入这个四国联盟。当斯巴达国内拒绝与雅典签订和约的一派重新获得优势地位时，他们暗示，斯巴达作为伯罗奔尼撒联盟领导者的缺陷很快就会解决（斯巴达在阿卡狄亚的战斗中取得了胜利），在战场上会变得更强大。公元前 420 年 5 月，玻俄提亚和斯巴达结盟，同时，保守寡头派联盟成员也与斯巴达重修旧好。与此相反，民主派掌权的国家阿尔戈斯、厄利斯、曼丁尼亚和雅典组成了四国联盟。雅典就这样分别与斯巴达和斯巴达的敌人订立了防御性同盟。

尼基阿斯和亚西比德

因为延迟执行已经订立的和平协议的条款，毫无疑问，斯巴达对公元前 420 年《尼基阿斯和约》的废止负有重大责任。但是，斯巴达已经向雅典派出一名使者，希望获得新的承诺和理解，避免雅典与阿尔戈斯签订和约，尽力挽回与雅典的关系。在公元前 420 年情况有了变化，被选为统帅的亚西比德通过狡诈的手段阻止使者在公民大会上发挥作用，亚西比德通过与阿尔戈斯结盟实现了他破坏雅典与斯巴达和睦关系的政治目的。当时关于“《尼基阿斯和约》不符合雅典利益”的客观观念也起到了一定的作用。而他的首要任务是通过制定相反的外交政策来消灭对手尼基阿斯。年轻而雄心勃勃的贵族亚西比德和谨慎而受人尊敬的政治家尼基阿斯之间的斗争在后来的几年中给雅典国内的政治蒙上了阴影，并且导致了外交决策的失误。如果人们相信修昔底德的描述，而不是倾向于假设，那么修昔底德只是出于艺术创作的原因才把雅典这段时期的政治简化为两个个体之间的冲突，这一评价就可以成立。

亚西比德的伯罗奔尼撒政策最初取得了巨大的成功，使雅典直接深入斯巴达的前线。他在公元前 419 年再次当选为统帅，军事介入帕特雷，并且帮助阿尔戈斯人对抗埃皮达鲁斯。公元前 419 年 / 前 418 年，尽管尼基阿斯和斯巴达的和约仍然存在，但是亚西比德却在雅典展出的刻着和约文本的石碑上加了一条附录：斯巴达人没有遵守他们的誓言（石碑上的文字每年都会更新）。亚西比德公开而明确的战争路线让大多数雅典人感到震惊，以至于公元前 418 年，人们没有将亚西比德选为统帅。与此同时，雅典人也不想抛弃雄心勃勃的、会导致与斯巴达冲突的伯罗奔尼撒政策。当雅典人于公元前 418 年前去帮助阿尔戈斯人，并且往伯罗奔尼撒半岛派出一支重步兵军团时，这种矛盾就愈发明显了。虽然这支军团是由尼基阿斯的好友率领的，但是亚西比德却作为政治全权代表随团出征。虽然一方面军团有 1000 名士兵，足以证明雅典军事干预的决心；但另一方面又没有强大到可以强迫对方做出有利于雅典的军事决定。

在曼丁尼亚附近，由阿尔戈斯、曼丁尼亚和雅典组成的联合军队最初让毫无准备的斯巴达国王阿基斯的军队大吃一惊。但是，斯巴达军队凭借优越的机动性和严明的纪律，以及对手四国联军没有调动足够的战斗力，还是确保斯巴达打了个彻底的大胜仗。在希腊公众眼中，这一胜利之举赢回了他们在斯法克特里亚丢掉的面子。同时，由于雅典、曼丁尼亚和阿尔戈斯都属于民主政体，这一结局看上去似乎是民主国家体制缺乏效率的证明。在斯巴达人胜利后不久，寡头派在阿尔戈斯占据了上风，于公元前 418 年 11 月，按照斯巴达的意愿，在一项阿尔戈斯的和平联盟协议中，取消了民主体制。

随着曼丁尼亚战役的失败，亚西比德的阿尔戈斯政策宣告失败。尽管如此，他仍在次年（前 417 年）和与他对斯巴达态度完全相反的政敌尼基阿斯同时当选为统帅。因此，这次统帅选举对于自《尼基阿斯和约》之后本就不明朗的雅典外交方针没有任何帮助。要打破这两个政治家之间的僵局，可以参照公元前 488 年 / 前 487 年出现的类似情况，以全民公投的方式化解，即利用陶片放逐法（Ostrakismos）。如果公民大会的第一轮投票决定启动陶片放逐法，那么在第二轮当中，每个雅典公民都可以在一块陶片上写下一个名字。当某一个人得到的票数最多，并且超过最低限度时，这个人就会被流放十年，并且在这段时间内退出雅典的政治舞台。但是在公元前 417 年的情况下，这项决策机制失效了，因为公元前 5 世纪末雅典当时的国内政治冲突的运作模式已经不同于克里斯提尼改革之后的状况，当时处于走向民主机制的转型期（前 509 年）。而且更重要的原因是，这场争端的组织程度更高，最高政治领导人并没有努力通过拉帮结派在公民大会上培植支持者，来影响民众做出对他们各自有利的投票行为。尼基阿斯和亚西比德达成一致，利用各自的亲信以及政治联盟（腓亚克斯）掌握的选票，一致对抗蛊惑人心的政客希帕波鲁斯，就是他发起了陶片放逐法。最终，希帕波鲁斯不得不在公元前 417 年春（部分研究对陶片放逐法的时间有争议，认为是前 416 年春）被流放到萨摩斯岛。

在后来几年中，这种政治关系仍然维持在不分胜负的状态。由于民主派在阿尔戈斯的一场血腥街头战斗中再次击败寡头派（前 417 年 8 月），使得亚西比德的威望得到一定的恢复。在接下来的一段时间里，亚西比德积极干预阿尔戈斯的内政，意在推进与斯巴达的战争。

一些文献中记载（并非来源于修昔底德），他还曾经拟定了进攻克基拉南部岛屿米洛斯的计划。公元前 416 年 / 前 415 年冬天，米洛斯岛的都城被围之后，米洛斯向雅典投降，其中部分民众被杀，部分沦为奴隶。米洛斯岛长期保持中立，并且拒绝加入海上同盟。雅典对这个在战争中长期保持中立并且拒绝加入海上同盟的小岛的镇压行为，除了彰显帝国的狂妄之外，并没有其他的直接理由。在米洛斯人和雅典使臣的对话中，即所谓的“米洛斯对话”，修昔底德详细展现了国际关系中“权”与“法”的问题。雅典人再次轻蔑地嘲笑道，米洛斯是斯巴达的殖民地，根本无法指望斯巴达的支持。很显然，米洛斯事件旨在挑衅斯巴达。因此，在皮洛斯引发了雅典的进攻之后，距离公开宣战只有一个巴掌的距离了。同时，斯巴达早在公元前 416 年 / 前 415 年冬天就已经放任私下对抗雅典的海盗战争（《修昔底德》，5，115，2）。

公元前415年，海军舰队决定远征西西里

雅典人一直避免在这两位角逐领导权的政治家之间做出选择，取而代之的是不断地考量他们的能力，最终导致了浩大的西西里远征的悲剧，这次远征对雅典人

口和军事资源的影响堪比曾经的大瘟疫。西西里远征是由公元前415年的公民大会决定的。此前，西西里岛西部城市塞杰斯塔的居民曾于公元前416年向雅典请求帮助。塞杰斯塔向雅典人承诺，将负担讨伐邻国塞利农特的战争费用，并且伪造了自己财务状况良好的假象。但是，塞杰斯塔的承诺本身不足以骗得雅典人进行干预，起决定性作用的是塞杰斯塔承诺一定能打败叙拉古。叙拉古是西西里最大的城市，和塞利农特是盟友，虽然和雅典一样是民主政体，却同情斯巴达，并且站在母邦科林斯一边。一旦面临派系纷争，对于雅典来说是非常危险的。亚西比德把征服西西里和他野心勃勃的计划联系在了一起，这一计划不仅要使雅典成为希腊和西地中海的统治者，还要通过增加私人战利品和巨大的军事荣耀来永久地巩固其个人权力。

修昔底德将这个计划的失败归咎于亚西比德，最初的规模与攻占西西里的计划完全不成比例，保守估计要派遣60艘三列桨座战船。尼基阿斯在与亚西比德的斗争中试图阻止雅典人发起西西里远征，然而他在战术上的错误导致了这场战役的规模空前巨大。当公民大会同时任命尼基阿斯、亚西比德，以及具有军事能力却没有政治地位的拉马库斯为全权统帅时，尼基阿斯关于放弃

远征的劝告就没有结果了。雅典人为建议远征的亚西比德提供了更多的支持。为了阻止雅典人远征西西里，尼基阿斯夸大了这次远征的难度，并且坚称，为了保证行动成功，必须确保更大规模的军备。比如除了扩大海军舰队以外，还要增加运输船上的军队人数，以提高在西西里岛上的战斗力。但是“雅典人的参战渴望并没有因为装备的重担而消除”（《修昔底德》，6，24，2）。恰恰相反，尼基阿斯所描绘的控制战场的困难反而点燃了雅典人从各方面汇集而来的帝国征服欲望，“每个人都被这次行动的渴望俘获：年长的人渴望征服不服从他们的……；正处于壮年的人渴望看一看远方；群众和士兵期望通过获得长期军饷马上就赚到钱并且晋升权贵阶层。”（《修昔底德》，6，24，3）

这一支将在远离雅典地区作战的军队“是一个城市为希腊地区的权力关系所能配置的最昂贵、最壮观的装备”（《修昔底德》，6，31，1）。其中包括运输船以及希俄斯和米西姆纳提供的134艘运输工具，大部分是高质量的三列桨座战船，船上配备了最好的桨手，随行的还有5100名来自雅典及其盟邦的重步兵。此外还有特殊兵种，比如400名雅典弓箭手。然而，在出发之前，准备军备时弥漫的乐观情绪就已经被一起严重的渎神事件破

坏掉了。公元前 415 年 5 月末的一个晚上，“大部分民宅和寺庙前庭”的赫耳墨斯立像（《修昔底德》，6，27，1）都被肢解了。很明显，这是一次组织严密、统一控制的破坏行为，究竟是谁在背后主使这次行动，完全不得而知。雅典人很快怀疑民主体制的敌人是始作俑者，但是不排除尼基阿斯的朋友试图以这种方式阻碍西西里远征，尤其是当尼基阿斯在公开的斗争中没有做到这一点时。

在舰队准备军备期间，发生的第二起宗教政治丑闻震惊了雅典民众。亚西比德的政敌曾标榜自己是人民利益的真正代表，却参与了暗箱操作。在亚西比德参加的一场贵族宴会上，他们故意在公开场合讽刺厄琉息斯的秘密宗教仪式。而安德罗克利斯等政客推波助澜，终于在西西里远征军出发前，对公元前 415 年曝出的丑闻以戏剧化的形式进行司法调查。虽然亚西比德不像其他被指控渎神罪的犯人一样被逮捕，并且他也针对这项指控为自己辩护，但是当他提出西西里远征时，对他的潜在惩罚仍然像一把达摩克利斯之剑一样悬在头顶。

古利普斯到达前西西里的战况

在雅典的战争中，一直遵循这样的规则：几乎所有

的军事行动都是由一群指挥家领导的。但是，公元前415年，将军事指挥权平均分配给政治对立方的决策极大地降低了远征军的成功几率。当舰队抵达墨西拿海峡时，总体战略的分歧就显现出来了。与此同时，雅典人发现许多之前的推论是不正确的。一方面，古意大利南部的希腊殖民地完全没有对雅典提供支持；另一方面，雅典人显然被塞杰斯塔人骗了，他们只支付给远征军30个塔兰同作为财政支持。尼基阿斯主张在塞利农特进行短暂航行之后，在西西里海岸线展示一下实力，然后就打道回府；而拉马库斯却主张不要浪费时间，应该直接攻击实际的敌人叙拉古；此外，亚西比德希望在进攻叙拉古之前，先通过外交攻势获得西西里各城邦的广泛支持。

亚西比德开始实施他的计划。除了自愿加入的纳克索斯岛外，雅典人最初只有卡塔尼亚在一次突袭之后成了他们的友军。这座城市被改造成雅典的大本营，他们从那里出发，开始第一次向卡马里纳和叙拉古进发。不久，亚西比德在西西里的行动宣告结束。从卡塔尼亚的营地回程的时候，亚西比德接到让他立刻赶赴雅典的通知，由于涉嫌参与渎神事件，他将负法律责任（前415年9月）。舰队出发之后，和雅典真正利益不太相关的渎神事件被有关方面人为地拿来炒作，甚至升级为恶意中伤和控告。亚西比德的一个保守派政敌和激进民主派在反对亚西比德这一层面达成一致。客蒙的儿子帖撒鲁斯以“损害国家利益”为由，主导了一场告发（Eisangelia）活动，这是针对不受欢迎的统帅的惯常伎俩。亚西比德从图里的雅典看守眼皮下溜走，最终被斯巴达接收，以此逃过了审判。

通过这样的方式，尼基阿斯摆脱了他在国内的竞争对手，并且可以按照他的设想指挥战争。他认为，军事行动的胜负是由周密的组织和物资方面的优势决定的。因此，他在冬季休战前率军前往塞杰斯塔，攻占了海卡拉，将当地的市民变为奴隶卖掉，赚得了 120 塔兰同。但是，这一行动对于征服叙拉古的总目标并无助益。直到 11 月，雅典才进攻叙拉古，但是雅典军队并没有围城，而是在冬天退回了卡塔尼亚的营地。叙拉古人因此有机会为第二年春天的战争做全面的准备，比如加固他们的防御工事，精简指挥结构（从 15 个统帅减为 3 个），以及寻求盟友。

公元前 414 年春，雅典军队又耽误了几周宝贵的时间，直到尼基阿斯调遣的骑兵从雅典赶来，战斗才开始打响。尼基阿斯立刻对叙拉古展开了声势浩大的进攻。

在夜幕的掩护下，雅典军队从列昂登陆，然后疾行到叙拉古北侧的爱皮波莱高地。在接下来的几天，雅典人在塞基建造了一个圆形的堡垒。叙拉古人则在老城墙的基础上于公元前 415 年 / 前 414 年冬季修建了一个额外的城墙。雅典人的意图是当时普遍的围城战术，他们想以圆形堡垒为起点，用城墙把叙拉古围困起来，让城里人慢慢饿死。

作为反击，叙拉古人在雅典圆形堡垒的西边横向竖起一道围墙，使得雅典无法闭合围城的城墙。当叙拉古的军队在午休时间放松警惕时，雅典人冲上前去毁掉了这道墙。叙拉古人第二次建造的城墙是由简单的木栅栏组成，而这一次引发了一场激烈的战斗，在此期间，拉马库斯被叙拉古的骑兵杀死，尼基阿斯逃过一劫。反围城工作得以继续，围墙西起叙拉古的陆地部分阿克拉丁那，穿过平原和沼泽。在战斗当中，雅典舰队从他们的锚地萨索斯岛出发，驶入叙拉古的大港，从此完全封锁了海上物资供应，叙拉古断粮看起来只是时间问题。在城市快要被封锁的时候，城里已经开始讨论接受和平谈判的事宜。

斯巴达人静观西西里的局势变化，在亚西比德的劝说下，决定武力介入。古利普斯曾经在公元前 414 年从琉卡斯带到意大利的伯罗奔尼撒小舰队在尼基阿斯看来根本算不上威胁，当然就没有阻止他们通过墨西拿海峡。事后证明，这是一个错误的决定。古利普斯在西西里北岸（希麦拉）招募了一支西西里特遣队的陆军部队，然后出其不意地攻回了叙拉古。雅典人在拉布达隆建造的碉堡被夺走，还丢掉了北部一半的爱皮波莱高地。在第二次战斗之后，古利普斯通过建造一道横墙（从西边到特洛吉鲁斯海岬，再到海边）彻底阻止了雅典围城圈的闭合。

灾难：公元前413年的叙拉古

随着围困叙拉古的中断，雅典人已经没有机会将进攻叙拉古的行动画上一个圆满的句号。雅典舰队驻进港口入口处的普利姆米利昂，并渐渐失去了战斗的机动性，其中的原因包括船在水里泡得太久了。尼基阿斯完全明白这种无望的局势，但是没有清楚地向雅典公民大会解释撤退的理由。与此相反，他更多地提到了撤退的替代方案，他犹豫地提出，将投入叙拉古行动的军事物资翻倍。雅典人对这一提议做出了回应，派遣 73 艘由雅典及其盟友提供的三列桨座战船和 5000 名重步兵，在德摩斯梯尼的带领下前往叙拉古。修昔底德认为，这次兵力增援行为是在占领狄凯里亚之后，对于母邦以及阿提卡本身来说是非常关键的举措，因为需要以此彰显雅典人超群的活力（dynamis）。同时，这也证明了雅典人是不可救药的赌徒，他们用最后的储备来拯救实际上已经输掉的战争。

新的雅典舰队即将抵达的消息促使古利普斯对尼基阿斯（已经从普利姆米利昂撤回沼泽中的双层城墙之间）的舰队发起进攻，想在增援部队到来前将其歼灭。西西里的三列桨座战船已经被改造过了，可以适应狭窄港口的作战需求，并对阿提卡的船只进行正面攻击。为此，舰艇的前半部分被加固了，并且配备了更粗的撞柱（从侧面越过船头的横梁）。最初，叙拉古人吃了些败仗，但最终还是给雅典舰队造成了巨大打击。即使德摩斯梯尼的到来（前413年7月）也无法扭转乾坤。根据德摩斯梯尼的计划，在夜里进攻欧里耶鲁斯的北侧，拿下叙拉古上方的高原。然而这次行动在一片混乱中以惨败告终，溃不成军的士兵逃到一个陡峭的山坡上，雅典一方损失了2000～2500人（8月初）。

在这种情况下，德摩斯梯尼建议立即撤退，但尼基阿斯不同意。尼基阿斯首先想到的是获得公民大会的明确决策，这样他就不会因为“忽视人民利益（prodosia）”而被起诉。于是无所作为地等了20多天后，尼基阿斯才准备撤退。然而，公元前413年8月27日出现了月食，他们视为不祥之兆，撤离又推迟了几天。尼基阿斯由于顾及民众的宗教信仰而造成的延误几乎是致命的。在这段时间中，古利普斯集结了自己的军队准备发起进攻，他用自己的76艘战舰进攻雅典的86艘战舰。雅典舰队只能在非常不利的狭窄范围内作战，并且试图通过包抄战术（periplous）使自己的右翼超过叙拉古舰队，这导致他们距离岸边太近。雅典舰队伤亡惨重，在战败之后只得撤回之前的根据地。但是，由于港口停着横七竖八的船只，撤退的出口被阻塞了。

如果有人想要从海上返回雅典，只有强行突围。由于往常的海上作战能力消失殆尽，雅典一方希望能够像古代步兵那样，在甲板上通过近身肉搏取得胜利。因此，雅典建造了一些装置，用于以铁钩固定敌船，并且强行登入。叙拉古人听说了这些措施，于是用皮革包裹住船头和船帮。雅典人试图攻击阻隔的敌船来实现突围，然而，雅典的抓钩被叙拉古的（包了皮革的）船只弹回，无法发挥作用。当雅典人在这一战场再度失利后，除了撤离之外，别无他法。传播虚假信息是希腊战争中常用的手段之一，叙拉古人四处散布假消息“海峡已经被占领”，但是雅典人没有在突围失败后趁着夜色再次出发，反而等来叙拉古人真正做好了准备，将那里的雅典人一网打尽。三天之后，总共有40000名士兵的雅典和联盟的军队撤离，尼基阿斯率领第一纵队，由德摩斯梯尼断后。由于必须将大量伤员和生病的人留在营地，整个撤离部队的心情都十分沉重。“那些伤病员恳求哭诉着，求带他们一起走，让所有人不知所措。当他们在队伍中看到自己的同伴或亲属时，会呼喊质问每一个人；当他们的室友离去时，他们就尽己所能地抓住同伴的手臂，跟着他们走。”（《修昔底德》，7，75，4）

雅典军队撤退的第一天差不多行进了8公里，而在接下来的时间里，由于叙拉古人的各种突袭，每天能行进的距离越来越短。部队原本计划抵达卡塔尼亚，然而撤退不久就偏离了这条去往南方的熟悉路线。德摩斯梯尼的部队越来越落后，最终不得不投降。当尼基阿斯率军通过阿西纳罗斯河时，渴得半死的士兵扑向河水，把所有规章抛在脑后。在叙拉古人大肆屠杀之后，尼基阿斯终于投降了古利普斯。古利普斯希望把俘虏的两名雅典统帅完好地带到斯巴达去，然而实际情况与他的愿望相反：叙拉古人判处了尼基阿斯和德摩斯梯尼死刑。被俘的雅典人被关押在叙拉古的露天采石场，那里的卫生条件极其恶劣，几乎没有任何防范炎热的措施，之后他们又要在寒冷的秋夜里毫无保护地被运往别的地方。只有少数雅典人逃脱了，比如，卡利斯特拉托斯就带着骑兵逃到了卡塔尼亚（《保萨尼亚斯》7，16，15）。总而言之，灾难性的西西里远征让45000名雅典及其盟邦的士兵死于非命，在人口骤减方面的影响仅次于瘟疫。

第四章

狄凯里亚战争（前413年—前404年）

联盟的背叛和寡头政变（前411年）

早在西西里远征灾难性的结局出现之前，雅典母邦已经又起内乱。公元前414年，雅典贸然地再次试探伯罗奔尼撒半岛，在一次与斯巴达的冲突当中，阿尔戈斯帮助了雅典人，并且蹂躏了斯巴达的领土。因此，这给了斯巴达一个理由，斯巴达人按照国际法的规定正式撕毁《尼基阿斯和约》。公元前413年春天，斯巴达入侵阿提卡。但是，和之前的阿奇达穆斯战争的入侵方式不同，他们并没有一走了之，而是加固了雅典北侧的要塞狄凯里亚。通过这个要塞，伯罗奔尼撒人可以长期随时入侵雅典，对于雅典人来说，显然战争的负担更重了，甚至他们的日常生活都可以定义为“全面战争”。雅典人必须不断地在城墙上巡逻，而且一年中的任何时候都不能确定可以安全地离开城里。务农变得不可能，从优卑亚到奥洛鲁斯运送食品进城的路也被阻断了。因此，食物必须以高昂的成本由运输船从遥远的苏尼翁海峡运往比雷埃夫斯港。雅典的经济秩序受到长期干扰，而逃跑的奴隶轻易地就能到敌人那里寻求庇护。

然而，导致战争的并不是阿提卡的事件，而是发生在伊奥尼亚海岸线和海峡的事。在雅典对叙拉古的战争失败后，斯巴达人想趁这个机会将自己的大型战舰开进爱琴海。除了伯罗奔尼撒人的军队外，雅典曾经的盟友如今也掉转了枪口。鉴于政治风向的变化，公元前 412 年，斯巴达的卡尔基丢斯在流亡的前雅典统帅亚西比德的陪同下，率领一支中型舰队，大肆进犯伊奥尼亚海岸线的城市，以此挑战曾经的霸主雅典。先是米利都、希俄斯岛，然后是泰奥斯和爱利特莱，相继陷落。以弗所之前已经退出了海上同盟。罗德岛和三个后来独立成为国家的城市在公元前 411 年 1 月也跟着退出了同盟。不久后，雅典又失去了海峡的重要据点——阿卑多斯(前 411 年 5 月)，之后又依次失去拜占庭、卡尔西顿和塞西卡斯（前411年8月）。

尽管西西里远征军遭受了巨大的损失，但是雅典人对于镇压其管辖领地的反抗却极其顽强。就像将雅典人在狄凯里亚战争中发起的战斗解释为“早已注定结局的多此一举”，是完全错误的。雅典人动用了最后的储备，即存放在帕提侬神殿的1000个塔兰同，用此组建了他们的最后一批舰队。这支舰队从萨摩斯岛（尽管内乱不断，这一基地仍然保留了下来）出发，驶向米利都，也就是斯巴达舰队的主要根据地。雅典舰队和同行的重步兵军队并非一无所成。尤其是雅典人夺回了重镇希俄斯岛，封锁了希俄斯岛周围的水域，并在战斗中杀死了斯巴达指挥官佩达里图斯（Harmosten）。当斯巴达将领德尔库利达斯从爱奥尼出发，经乡间小路抵达赫勒斯滂海峡时，雅典人才不得不动用了部分舰队对海峡区域进行干预，并放弃了对希俄斯岛的封锁。

在这种危急情况下，舰队试图阻止海上同盟迅速解体，雅典的民主制度被推翻（前411年5月）。长期以来，雅典的富裕阶层都在品尝民主体制的苦果。尤其难以忍受的是，一方面，为了维护雅典至高无上的权威，战舰的装配物资通常都是由（富裕的）个人供养，同时还需要缴纳高额税款（Eisphora）；而另一方面，穷人却能享受雅典强权政治带来的好处。只要战争取得了胜利，那么对立矛盾就会有所缓和，因为每个社会阶层都能从中赚回付出，并且从海上同盟中获益。然而，西西里远征的惨痛损失和盟友的背信弃义为雅典精英阶层提供了新的动机，来反对他们一直珍视的民主和平等理论。自西西里远征以来，具有寡头政治思想的秘密团体（Hetairien）一直在寻求推翻民主体制的方法。亚西比德和萨摩斯舰队之间复杂而阴险的谈判为此带来了机会。

亚西比德在流亡斯巴达期间树敌无数，其中就包括斯巴达国王阿基斯二世。当他在斯巴达舰队中无法立足时，亚西比德又投靠了波斯的提萨弗涅斯——吕底亚的地方总督，同时也是驻扎在小亚细亚的波斯军队的最高指挥官（Karanos）。提萨弗涅斯本身是个善于玩弄阴谋的老手，他热情地收留了亚西比德，这与他对斯巴达的矛盾心态有关。在西西里远征灾难造成的新形势下，雅典损失了大部分舰队，波斯人放下了以前的矜持，准备参与希腊霸主之间的对决，并且通过支付舰队薪水的方式支持斯巴达的海军建设。但是，并不能因此说波斯和斯巴达在公元前 412 年 / 前 411 年的“世界政治机制”中已经达成对付雅典的一致意见。波斯一方起初在支付方面犹豫不决。同样的，斯巴达一方内部也在争执不休，讨论获得波斯援助时应该接受什么样的条件。因为对于斯巴达人来说，波斯人的诉求存在根本性原则问题：一方面说要让希腊城邦国家免受雅典的奴役，保卫他们的自由和自治权；另一方面却想重新建立对爱奥尼希腊地区的统治权（甚至更大的权力）。虽然，最初是斯巴达的卡尔基丢斯，而后泰里蒙涅斯也和波斯帝国达成了协议。但是，由于在第二条约中做出了过多的让步，并且明显违反自由理念，因此斯巴达内部进行了激烈的争论，直到后来，应提萨弗涅斯之邀，和波斯签订了第三条约。(《修昔底德》，8，58)。

有一次，在萨第斯总督府的会面中，亚西比德向提萨弗涅斯表示，对波斯以及提萨弗涅斯本人来说，最好的结果就是，在斯巴达和雅典两大交战国的斗争中，任何一个都占不了上风。亚西比德在总督府的露面已经足以让雅典人燃起希望，期盼改变雅典四面楚歌的状况。亚西比德使尽浑身解数让人们有这样的印象，而且人们也相信他是个举足轻重的人物，并且有能力把波斯曾经吝于交给斯巴达用于舰队建设的钱再装到雅典人的口袋里。但亚西比德与激进民主派打交道时曾经有过惨痛的经历。在秘密接触当中，亚西比德明确地告诉供养舰队的雅典富裕阶层，波斯人的支援只是要求改变雅典的政治体制，即废止民主宪政秩序。

不仅是萨摩斯岛，包括雅典城都已经做好了变更制度的准备。这一计划的最初目的是赢得亚西比德和波斯人的支持，然而人们很快忘记了初衷。阴谋家们决定把亚西比德完全挡在外面，然后完全出于自己的私人目的，进行宪法颠覆活动。在雅典城内，寡头派毫无悬念地取得了胜利。寡头政治集团在最活跃的民主体制保卫者当中造成了一种恐怖和不安的氛围，诸如安德罗克利斯这样的知名民众领袖被谋杀。与此同时，关于体制改进的讨论也被激化，这原本是为了使民主在战争中更能发挥作用。其实西西里远征一失败，就已经开始做出此类改善。雅典选出十位“贤哲（Probouloi)”，长期领导公民大会的决策过程，避免做出草率的决定。新的改革要求的关键因素是把公民大会的参与权限制在那些在赋税上和重步兵军队服役方面对国家贡献最大的人，理想情况下限制在5000人。此外，以前穷人也能担任政府官员，此后将取消这种机会。因为借口“为达到最低人数的适度寡头宪法做准备”，受到惊吓的群众最终同意了“四百人议事会”，这一权力群体迅速从敌视民主的成员中诞生。该议事会很快起草了一系列机制改革的倡议，议事会的统治可以看作集体暴政的一个例子，即所谓“权门政治(dynasteia)”。

“四百人议事会”的恐怖统治一直持续了数月（前411 年夏季 / 秋季）。寡头派希望非民主的雅典尽快与斯巴达建立和平，并以此稳定他们的地位，而事实证明这不过是妄想。同时，寡头派也不可能继续推进战争，因为他们的权力范围并不能超出阿提卡，也缺乏在海战中控制海上同盟以及舰队的能力。政变刚开始的时候，诸如萨索斯岛等与雅典同一阵营的盟友并不支持寡头体制，而是更希望马上转到斯巴达一方。舰队的接管也不顺利。虽然萨摩斯岛已经做好了颠覆准备，但是计划失败了。舰队仍然愿意效忠他们之前选举出的领导人色拉西布洛斯和斯拉苏卢斯，并且维持民主制度。萨摩斯岛的海军士兵甚至只承认他们是唯一合法的公民集会，并最终选举亚西比德作为他们的统帅，制定战争的方针路线。而正是亚西比德把色拉西布洛斯从萨第斯带到雅典的战舰基地的。他极力劝阻愤怒的海军向雅典的反方向航行，因为这样的航行意味着雅典的损失和必然的失败。 但是，即便没有公开的内战，通过选举亚西比德，民主运动已经绝对成功地组建起一个军事强大并具有执行力的反政府。

在这种绝望的情况下，“四百人议事会”只剩下两个选择：如果成功的话，相对温和的四百人党团愿意接受塞拉门尼斯的领导，开创狭隘的寡头体制，并且和亚西比德合作；如果不成功，直接把雅典交给斯巴达。这是极端寡头派提出的，为了避免雅典重新退回不受欢迎的民主制度，挽救自己的集体暴政的解决方案。当极端寡头派开始认真考虑将雅典交给斯巴达时，这种选择方向的争端几乎升级为内战。寡头派和重步兵之间为了建立什么样的制度体系而拳脚相向，当斯巴达的舰队出现在萨罗尼克湾时，整个雅典军队不得不立刻赶到比雷埃夫斯港，内讧才停止。虽然斯巴达人最终去了优卑亚，但是，失去了优卑亚这个对后勤供给极为重要的大型离岸岛屿，对雅典人来说是个巨大的灾难，其损失不亚于西西里远征。毫无领导能力且颜面扫地的寡头政治体制终于被废止（前 411 年 9 月）。失势的极端寡头分子逃往狄凯里亚，投奔了敌人斯巴达。留在雅典的那些人由于倒戈的塞拉门尼斯的介入而受到了审判，首当其冲的就是领袖思想家安提丰。即使是对在动乱中丧生的寡头派领袖普律尼科斯执行死后审判，也都没有吓退人们。

取代极端寡头政体的所谓“五千人宪法”登上历史舞台。理论上是这样定义的：只有具有一定财富以上的富裕公民（作为重步兵至少能负担自己全副武装的开销）才具有正式的公民权利，并且有资格参加公民大会(Ekklesia)。鉴于雅典的国民经济已被破坏，对于公民大会准入门槛的经济标准已经完全模糊了。加上，竞争新政权领导人的政客们竭尽全力地想拉拢每一个潜在的支持者进入公民大会，以至于最终不是5000人，而是近9000人被列入正式公民的名单。因此，它与完全民主的区别只是度的问题。在公元前410年上半年，旧的民主制度又重新恢复到了熟悉的范围。新制定的国家保护法（尤其是人民民主政治法令）试图杜绝未来出现阴谋颠覆行为。当时的反暴政和反寡头的言论造成了国内的紧张氛围。同时，更重的赋税也加剧了这种氛围，如“Diobelie”(每天都要交两枚奥波尔银币)，表面上看是为了扩大支付战争开销的民众范围，但最终还是落到了富人头上。尽管存在一定的内部分歧，但是所有雅典人都因着共同的目标——收复帝国失去的部分，团结起来。

赫勒斯滂海峡[1]的亚西比德和重新恢复的民主（前411年—前408年）

公元前 411 年以后雅典的复兴以及苦难战争的延续，实际上是一对“矛盾”。根据修昔底德的观点，这种无常的兴衰沉浮是伯罗奔尼撒战争的另一个特点。最晚到公元前 411 年，当雅典人因为寡头的颠覆而自相残杀时，战争就必须结束了。然而，事情实际上并没有这样发展，战争竟然又延续了七年之久，这主要与亚西比德脱不了干系。亚西比德自公元前 411 年起就接任了海军作战的统帅，特别擅长在海峡地区作战。

当斯巴达的海军上将明达鲁斯将大型舰队开进赫勒斯滂海峡时，雅典的情况已经无可挽回地恶化了。雅典面临着被切断从俄罗斯南部运来救命粮的危险。起初，雅典曾两次战胜斯巴达舰队，一次是公元前 411 年 9 月在基诺塞马，另一次是在公元前 411 年晚秋于阿卑多斯。这些胜利在心理层面成效显著，它们打破了雅典人接连的厄运。但是，由于斯巴达舰队及时止损，对于雅典来说，斯巴达舰队在赫勒斯滂海峡的问题始终没有得到解决。此外，雅典舰队当时被分成了单支不同的编队，在

① 今达达尼尔海峡。

支舰队先行离开。亚西比德在卡里亚的凯拉米克斯湾进行了劫掠，以此来改善财务状况，他至少抢到了100个塔兰同。在公元前408年6月，亚西比德终于驶入比雷埃夫斯港。直到最后，他还是不能确定他在雅典的追随者到底有多强。但是，为他效力的政治集团控制了局面，到底让他松了口气。亚西比德在雅典公民大会上震慑了他的对手，并让他们哑口无言。于是在一场正式决议中，斗志昂扬的大多数雅典人将亚西比德确立为“霸权独裁者”(hegemon autokrator)，并制定了雅典的战争路线。当指挥官亚西比德在一个季度之后率领新募集的100艘舰艇和1500名重步兵驶入海中时，人们怀着极大的期待，盼望他重新夺回伊奥尼亚。

亚西比德的第二次流放和阿吉纽西战役（前407年—前406年）

亚西比德率领他的舰队经安德罗斯岛驶往大本营萨摩斯岛。公元前407年春，他从那里迈出了收复伊奥尼亚的第一步，在弗凯亚地区安插了一支重步兵军队，然后他把舰队留在了诺丁姆，他们的主要任务是监视在邻港以弗所聚集的新成立的斯巴达舰队。伯罗奔尼撒人认为，他们已经为迎战亚西比德做了充分的准备，因为新上任的斯巴达舰队最高统帅吕山德曾经在狄凯里亚战争中取得胜利，就如同在阿奇达穆斯战争中打败伯拉西达一样。最关键的是，吕山德曾经在公元前408年和新到任的波斯总司令（Karanos），也就是国王的儿子小居鲁士在小亚细亚建立了一段私人关系。虽然波斯的提萨弗涅斯犹豫不决，并且在与斯巴达达成第三次协议后，仍然对承诺有所保留，尤其是所谓的腓尼基舰队的介入。但是波斯人对斯巴达的干涉已经毫无节制，而且插手的范围越来越大。

负责统率以弗所附近诺提昂舰队的曾是亚西比德主战舰的一名舵手，名叫安条克斯。他的职务没有任何官方宣布，且他并不是被选举出来的，因此不能率领任何雅典公民组建的军队参战。后世有一种猜测：安条克斯曾狂妄自大地驶入以弗所港口，因为他急于打一场海战。但这种说法值得怀疑。相反，这场所谓的战役更多的是由于安条克斯发现吕山德舰队而引起的灾难性后果。这种间谍活动以及侦察行动对于战争来说是不可或缺的。但是，当安条克斯深入以弗所的港口时，吕山德的船只比预想更快地进入了水中，并对安条克斯的三列浆座战船发起了攻击。雅典的其他船只散乱无序地前来援助安条克斯。群龙无首的混乱状态最终使雅典方面以整个舰队狼狈逃入萨摩斯岛和 15 艘船失踪告终。

缺席的亚西比德被指责应对战舰疏于领导负责。诺提昂一战的失败导致了雅典政坛的动荡，亚西比德失去了曾经在公民大会上支持他的大多数人的信任，这些人在公元前 407 年春的统帅选举中转而支持他的政敌。由于在公元前 408 年新招募的舰队中没有多少亚西比德的追随者，因此他宁愿选择流放。尽管在诺提昂战役之后，雅典仍然拥有数量上更占优势的舰队；尽管公元前 407 年 / 前 406 年新任命的斯巴达海军大将卡利克拉提达斯（雅典的对手）中了善妒的前任吕山德的阴谋，失去了波斯的援助。在亚西比德继任者的手中，雅典局势迅速恶化了。

亚西比德走后，接管雅典舰队的是科农。由于公元前 407 年 / 前 406 年冬雅典经历了经济危机，舰队数量大减，在米蒂利尼港口的一场战役之后，卡利克拉提达斯成功地围困了雅典舰队。雅典人使出了全力来营救他们的将领和士兵。他们再次集结了一支由 110 艘战舰组成的大型舰队，配备的人员除了船员外，还有大量的奴隶、重步兵以及骑兵。这支救援舰队的资金来自熔化帕提侬神庙的贵重金属器物，甚至胜利女神的金像也被熔铸为金币。八位将军集体担任统帅一职。当他们驶入大陆和莱斯博斯岛之间的海峡时，在阿吉纽西小群岛附近遭遇了敌军舰队。考虑到桨手缺乏海战经验，他们选择了相应的战术。为了防止敌军采用突破战术(diekplous)，雅典战舰不是排成一条长长的战线，而是排成了许多条战线。这个策略被证实是英明的，卡利克拉提达斯也因此输掉了这场战役并搭上了性命。但是，雅典一方的损失也十分惨重，总共有大约 2000 人阵亡。战争结束时一片混乱，雅典人犯了一个致命的疏忽，竟然没有在风暴来临前将和破损战舰一同沉入水里的阵亡将士遗体打捞出来，即使当时有足够的时间来安排这一举措。

因此，虽然他们取得了胜利，将军们还是被召回雅典，然后被指控。除了两名将军之前就决定不回雅典外，其他六位将军在公民大会上进行了非常激烈的争辩，但在政治审判后依然被判处死刑，其中包括基诺塞马战役的胜利者斯拉苏卢斯以及曾经的著名统帅伯里克利的儿子，这次的阿吉纽西审判应该是雅典内政史中的一个低谷。然而，关于这个低点究竟在哪里，人们产生了意见分歧，自古代民主批评之后直到今天，人们普遍认为，雅典人在这场审判中随意推翻了自己的法律制度。因此他们质疑，这次审判是否在司法方面成了一个戏剧性的特例。因为古代雅典的政治审判与我们通常认为的司法程序关系不大，它更多的是通过这种方式延续了国内的政治斗争，并且掺杂了被人民认同的大多数党派的利益。从这个意义上讲，其他的前5世纪到前4世纪之间大量的将军审判案件（通过对照，在这两个世纪中至少有65个著名的案例）绝对没有比阿吉纽西审判公正多少。因此，人们不得不猜测，由公民大会或者公民监管的大型陪审团主导的审判总是反复处在一个情绪化的动荡氛围中，这就导致了对有效法律秩序的践踏。偶尔还能听到一种猜测，就是在雅典进行的集体审判并不符合规定，至少在当时的背景下，雅典人放弃了本该属于自己的权利。鉴于当时的实际情况，将军们在战役地点是否应该作为一个整体对整个事件负责，看起来是有争议的。传闻之后雅典的民主派对于这次审判过程感到十分后悔，并且承认了自身的非法性，但是这些叙述最终被证明是杜撰的。

在伯罗奔尼撒战争期间，雅典国内政治历史的最低谷应该就是这样的过程，即由政治家之间的竞争演变为类似内战的状况，在此期间“雅典人自相残杀”（《修昔底德》，2，65，12）。审判将公民大会分裂成两个自发形成的派别，他们的领导人豁出性命地相互争斗，丝毫不顾斗争产生的严重后果。一方是将军们和他们的政治盟友；另一方是没有将军头衔，作为三列桨座战船指挥官的塞拉门尼斯（作为他资助装备的战船指挥官），他曾参加了阿吉纽西战役，并且与同样非官方任命三列桨座战船指挥官的色拉西布洛斯共同负责打捞失事船只残骸。意识形态的分界线使以前的党派在这些团体的形成中没有发挥任何作用。如阿里斯托克拉特斯在内的将军们曾经和塞拉门尼斯一起反对过激进寡头派，而现在却被塞拉门尼斯讨伐。还有斯拉苏卢斯，他曾经和色拉西布洛斯一起领导了萨摩斯岛的民主反抗运动，但现在却站在了反对派一侧。

塞拉门尼斯和将军们的无情对抗并不是由来已久的 这一事件完全是阿吉纽西战役的后果。将军们返回雅典之后，议事会对他们处理工作的方式进行了详细审查，他们认定塞拉门尼斯和色拉西布洛斯在放弃搜救问题上至少应该负共谋的责任。人们并没有忘记塞拉门尼斯在公元前 411 年的可疑身份，受到惊吓的塞拉门尼斯在审讯过程中认为这些说法对他来说将危及生命，并且想通过积极的反击寻求救赎。当为期三天的胞族集会阿帕图利亚节到来时，谈判中断，审判时间延长。但他明白，在这段时间内，溺亡将士的亲属将借着节庆活动为即将到来的公民大会审判拉帮结派，所以他积极活动阻止将军们被无罪释放，以防自己处于危险境地。经过拉锯式的诉讼过程，将军们最终被草草判处死刑。雅典民主通过自戕行为，在流放了唯一的统帅亚西比德之后，又失去了大部分能够带兵打仗的将领。

阿戈斯波塔米战役（前405年）

这种自戕行为让雅典在第二年的战役中饱尝恶果。斯巴达方面，战败导致民众不顾国内政治的激烈抵制，迫切地需要一位有能力领导激烈且复杂战争的统帅，除此之外，他还能凭借出色的外交能力，从波斯国王的儿子小居鲁士那里为斯巴达谋得足以赢得战争的经济支持，吕山德正是不二人选。由于斯巴达立法机构重视机会均等原则，禁止同一个人连续两次担任海军总指挥，于是人们狡猾地想出了一个折中的办法，让吕山德作为官方统帅利比斯（吕山德的兄弟）的副将指挥战争。凭借波斯的资金支持和对盟友的野蛮掠夺，吕山德组建并装备了斯巴达有史以来最大的舰队。令人惊奇的是，雅典人竟然也组建了和吕山德的200艘战舰差不多规模的舰队前来应战。雅典方面显然期待一场决胜之战，因此孤注一掷。雅典人近乎歇斯底里的好战情绪衍生出了一项公民决议：如果海战胜利，就将俘获的敌方桨手的右手砍下来，以此防止斯巴达人再次组建舰队。因此，当安德罗斯和科林斯的三列桨座战船的船员落入雅典统帅菲劳克里斯之手后，被集体执行死刑，这完全符合当时人们已经习惯的模式，由此，战争的残酷性已经发展到一个新的层面。

尽管装备精良，当时的雅典统帅（科农、菲劳克里斯、阿迪曼图斯、米南德、堤丢斯和凯菲索多托斯）在公元前 405 年还是没能牵制住吕山德。吕山德先从以弗所出发向南行驶，然后往回走，沿着小亚细亚海岸线来到赫勒斯滂海峡。刚刚突破了萨摩斯岛的封锁并在希俄斯岛以西展开作战的雅典人压根儿就没注意到这次掉头航行。当统帅经提醒驶入海峡时已经太晚了，吕山德成功地占领了兰普萨库斯，并且在那里建立起他的大型船只大本营，那里的供给足以满足 40000 人的饮食起居。

雅典人希望逼迫吕山德进行正面海战，并赢回兰普萨库斯，因此在凯尔索涅斯（加利波利）半岛上的“山羊河”（阿戈斯波塔米）安营扎寨，兰普萨库斯就在对面。“山羊河”虽然有水源，却无法满足如此庞大的军队的粮草供给。实际上，亚西比德自公元前 407 年落选后就在赫勒斯滂海峡靠欧洲一侧他的封地逗留，显然，他期望在那里获得接触雅典舰队的机会。当他得知雅典舰队的大本营就在阿戈斯波塔米附近时，他相信，他可以像公元前 411 年那样，再次以舰队救世主的身份出现。在一次私人会晤中，他告诫雅典统帅不要停留在这个不利的地方。这个警告导致了完全相反的结果，因为在公元前 405 年的统帅选举中，民众曾激烈地讨论过，在雅典面临巨大威胁的情况下，要不要召回天分卓越、深谋远虑且经验丰富的亚西比德重新担任统帅。因此，最终选出的统帅们认为亚西比德的声望威胁到了他们自身的政治地位。六个统帅当中至少有几个非常公开地试图与亚西比德一争高低，并且将自己塑造成更出色的指挥官。亚西比德被送走了，而他们更是坚定不移地要把大本营安扎在阿戈斯波塔米。

在不便的条件下，雅典舰队的船员必须每天都离开他们的船只，到越来越远的地方寻找补给，甚至去到 20 公里开外的城市塞斯托斯。他们坚信这样做毫无风险，因为吕山德每天都在晨曦中命令他的战船参与战斗，但是当雅典人在更早的时间就将自己的海战舰队部署完毕时，他们反而什么都不做了。当这样的过程重复了四次之后，雅典人变得更加肆无忌惮，并且一时疏忽，没有在船上留下足够的战斗人员。第五次，吕山德跨过了海峡，几乎不费吹灰之力就占领了雅典的战船。因为，“人员溃散，有的船上有两排桨手，有的只有一排，剩下的船空无一人。”（色诺芬，《希腊史》，2，1，28）分散在凯尔索涅斯半岛上的雅典人被斯巴达将领瑟莱库斯的重步兵和登陆后的吕山德的海军俘获，所有被俘的雅典人被带往兰普萨库斯，并且在那里被集体处决。只有统帅科农率领的八艘三列桨座战船，连同主舰“帕拉鲁斯”号侥幸逃脱。“帕拉鲁斯”号开回雅典，将战败的悲惨消息传达回去。科农率领剩下的战船驶向塞浦路斯。不战而败的痛苦很快形成了“背后一刀”的传说（该传说用于谴责外国人与非民族主义者出卖祖国），据说其间确实出现过（比如，幸存者和被斯巴达释放的统帅阿迪曼图斯的）背叛。

投降和寡头政治的颠覆（前404年）

不出所料，失败的消息在雅典引起了巨大的恐慌。正如色诺芬指出的那样，雅典人担心的是，他们可能要遭受曾经被霸主傲慢无礼对待的小国，如斯基奥涅或米洛斯同样的凌辱。当然，从阿戈斯波塔米战役全面失势（前 405 年 9 月）到投降（前 404 年 4 月）之间又相隔了6个月。在雅典，人们继续为战争做准备，并且试图通过相应的立法措施来加大对战争进程的支持。为了结束国内的纷争，根据民众投票的决议，参与寡头政治的“四百人”得以重新掌权，其余人被判处所谓的颠覆国家罪。萨摩斯人是雅典战败后唯一的盟友，他们的忠诚得到了回报，萨摩斯人在雅典获得了和雅典公民相同的权利。如果这一举措早些实施的话，第一阿提卡海上同盟的凝聚力将大大加强。自公元前410年就担任领导人的克里奥丰接管了统一防卫战线的工作。

对雅典的封锁从11月开始。斯巴达国王阿基斯领导狄凯里亚的伯罗奔尼撒驻军和另一位斯巴达国王保萨尼亚斯领导的军队从陆地一侧进行攻击；吕山德的150艘战舰则从海上一侧封锁了雅典的粮食补给。由于雅典的储备很少，几周之后就出现了饥荒，所以雅典人不得不开始与斯巴达进行和谈。斯巴达的要求听起来相对温和，要求雅典人首先应该拆除大约两公里长的连接雅典城和比雷埃夫斯港的长墙。但在雅典，克里奥丰领导的极端主战派占了上风，他们甚至不允许考虑破坏长墙。为了获悉斯巴达对雅典的真正图谋，雅典派足智多谋的政客塞拉门尼斯与吕山德会面。在接下来的一段时间内，克里奥丰和议事会就后续的战争指挥问题发生了激烈的争论。最终，不肯让步的克里奥丰被莫须有地指控为“忽视他的军事义务”，在审判中被阴谋免职。当时塞拉门尼斯刚刚返回雅典，这次他作为全权委托人率团再赴斯巴达与之协商和约条件。

据猜测，雅典并没有将自身的命运寄托在塞拉门尼斯的忠诚上，因为雅典并没有想要挽救民主制度，所以他在第一次与吕山德会晤时故意等了三个月，直到克里奥丰的反对派被清除掉。在这段时间里，他足以和吕山德以及流亡的雅典寡头达成协议。因此，吕山德确信雅典在战后可以作为斯巴达的附庸国，在受他直接影响的寡头政权的统治下增加其个人权力。因此，对塞拉门尼斯和他在斯巴达煽风点火的朋友们来说，更希望雅典保持与底比斯的对立，而不是屈从于意图完全毁灭雅典的科林斯人和底比斯人的要求。而在色诺芬如实传达的斯巴达的宣传中，并没有提及此类保护雅典的理由，而是希望消除雅典在希波战争中获得的巨大优势。

塞拉门尼斯传达回雅典的和平条约规定：雅典在未来必须放弃自己的海军，作为海上军事要塞，雅典必须拆毁长墙和比雷埃夫斯港的防御工事，雅典舰队仅允许保留 12 艘船。最终，雅典人不得不退出所有境外占领区，并成为斯巴达领导下的伯罗奔尼撒联盟的成员。公元前

411 年的寡头政变者和其他流放者被允许重回雅典。有一项后来的惯例表明，在和平条约中应该已经同意了“推翻民主并重新启用祖先宪法（patrios politeia）”，这样的规定其实没有必要。因为，单单是获得斯巴达支持的反民主政治家的回归就足以说明，现有形式的极端民主制度几乎没有继续存在的可能。此外，服役于舰队的桨手数量不够，导致舰队的底层动力不足。总之，雅典在其内政细节上完全受斯巴达军事力量的摆布。

尽管一些爱国者持反对言论，饿得奄奄一息的雅典人还是接受了和平条约的条件。在公元前 404 年谋尼克翁月（4 月 /5 月）16 日，吕山德“驶入比雷埃夫斯港，流亡者也回来了，伴随着长笛演奏者的音乐，人们以极大的热情开始拆毁长墙”（色诺芬，《希腊史》，2，2，23）。民众乐于相信“那一天让希腊开始获得自由”。事实上，吕山德并没有想要实现斯巴达宣传的自治和自由，这一点是雅典人与其他第一阿提卡海上同盟成员没有想到的。吕山德在德尔斐建立了一座宏伟的胜利纪念碑——海军纪念碑，赢得所有希腊人的瞩目。纪念碑展示了他在下属的围绕下被海神波塞冬加冕的景象，明确了他个人统治权力的合理性。作为对战“刻克洛普斯”[①]

① 刻克洛普斯（Cecrops），传说中雅典的第一位国王，拥有人的身体和蛇的尾巴。

（雅典铭文中记载）的胜利者，他只想与斯巴达国家分享获得的这份权力，因为斯巴达也是由他控制的。

自他的第一次海上行动起，通过“朋友”和“同伴”的关系网，他就控制了爱琴海地区。战胜雅典之后，他进一步拓展了这种个人统治权力，由他任命的从斯巴达派驻当地的驻军指挥官（监督当地政府的官员“Harmosten”）和十名小寡头集团的忠实派系支持者（所谓的十大委员会“Dekarchien”）控制了城市的海岛部分以及小亚细亚海岸线。在雅典，这些事情也是以差不多的方式达成的，即通过极端寡头派推翻雅典民主体制。这些人就像公元前 411 年的阴谋反叛者一样，推崇表面上的民主程序，而在公民大会上选出了“三十僭主”，他们的任务是负责分类筛选新宪法以及修改旧宪法。这三十位编撰人（新修法律的“起草者”）突然变成了雅典独裁委员会（所谓“三十僭主”），特别是在驻地指挥官卡利比奥斯的要求下，斯巴达占领军进入了雅典。雅典人现在才知道这场失败和吕山德对雅典的控制对他们来说意味着什么：雅典变成了一个与斯巴达媾和的恐怖组织。

在长期争论的关于减少符合条件的公民数目的努力中，三十僭主远远超过了寡头派在公元前 411 年所取得的成就。只有3000名“政治上可靠”的雅典人应该参与到这个新的国家。当三十僭主成功压制了他们的反对派，特别是在一场表演活动中除掉了塞拉门尼斯之后，他们开始着手实施极端政策。那些不属于选出的3000名与寡头派私交甚好的人被没收了财产，如果他们没有被暗杀的话，就必须离开祖国，“作为流亡者前往墨伽拉和底比斯”（色诺芬，《希腊史》，2，4，1）。

公元前404年的寡头革命是雅典战败的直接后果。如果说雅典能在其历史的绝对低点之后很快恢复过来，一定程度上得归功于在这种情形下重新显现出来的无与伦比的集体能量，这正是修昔底德所赞颂的活力(dynamis)。通过全面的大赦计划，雅典人发现了一种创造性的解决方案，跨越了自公元前403年民主体制恢复后，民主派和寡头派3000人之间的鸿沟，打破了在许多希腊城邦中普遍存在的“从革命到反革命”的恶性循环。雅典人最终仍是幸运的，他们在恰当的时机从斯巴达领导层之间的龃龉中渔利。斯巴达国王保萨尼亚斯支持流亡的民主人士返回，他本人与吕山德敌对，因而对吕山德扶植的雅典代理人也没有丝毫好感。

在民主体制恢复之后，被民主派影响的外交政策也从中获益。在科林斯战争爆发之际（前395年—前386

年），雅典得以和中欧大国结盟。在《尼基阿斯和约》时期，斯巴达曾经忽视过这些大国的利益。通过这场战争，雅典再次证明了自己的海军实力。此外，在公元前 387 年 / 前 386 年建立的旧有公民定居点莱姆诺斯岛、伊姆罗兹岛和斯基罗斯岛重新获得了承认，雅典由此在建立新的爱琴海霸权体系的道路上再次抢得先机。随着底比斯人在留克特拉（前 371 年）对斯巴达军事力量的清剿，伯罗奔尼撒战争结束后，雅典在战功卓著的对手之下甚至没有两代人完整地幸存下来。在伯罗奔尼撒战争之前存在的“古老而宏大的雅典”（尼布尔[①]）在这一刻已经成为历史。

① 雷茵霍尔德·尼布尔（Reinhold Niebuhr，1892—1971）：20 世纪美国著名神学家、思想家，新正统派神学的代表，基督教现实主义的奠基人。他的思想和活动深刻影响了 20 世纪的美国社会，是美国社会变革的推动力量。

年　表

年份	历史事件
前435年	琉基姆尼战役
前433年	西波塔岛战役
前432年	（春）波提狄亚反叛； 斯巴达声明和平已经破裂
前431年—前421年	阿奇达穆斯战争
前431年	（春）底比斯攻打普拉蒂亚，战争爆发
前431年	（5月）伯罗奔尼撒联盟第一次入侵阿提卡
前430年	审判伯里克利；瘟疫暴发
前429年	伯里克利在复职后去世
前428年	米蒂利尼反叛
前427年	镇压米蒂利尼；克基拉发生内战；雅典第一次远征西西里岛
前426年	斯巴达建立殖民地赫拉克利亚
前425年	德摩斯梯尼在皮洛斯建立要塞；克里昂俘获斯法克特里亚岛上的斯巴达人
前424年	雅典人在德里昂被玻俄提亚人击败； 伯拉西达占领安菲波利斯

前421年	签订《尼基阿斯和约》
前421年—前413年	战争间歇（《尼基阿斯和约》时期）
前418年	曼丁尼亚战役
前417年（或前416年？）	希帕波鲁斯遭到陶片放逐
前415年	尼基阿斯、拉马库斯和亚西比德发动第二次西西里远征
前414年	吉利普斯抵达叙拉古
前413年	（6月）德摩斯梯尼在叙拉古与雅典的第二支舰队会师；（8月）雅典全军覆没
前413年—前404年	狄凯里亚战争
前412年	米利都和其余伊奥尼亚城市叛变； 公元前411年罗德岛、阿卑多斯、拜占庭、迦克墩和库济库斯相继叛变
前411年	“四百人”掌权； 亚西比德当选为舰队统帅；公元前411年秋，“五千人”取代“四百人”； 晚秋初冬，基诺塞马和阿卑多斯战役
前410年	（春）库济库斯海战；雅典恢复民主制
前409年	亚西比德收复拜占庭； 皮洛斯和尼萨亚败给雅典
前408年	亚西比德重回雅典；选举最高领袖
前407年	诺提昂战役；亚西比德遭第二次流放
前406年	（7月底）阿吉纽西海战； （9月）阿吉纽西审判
前405年	（9月）阿戈斯波塔米战役； 雅典失去自己的舰队
前404年	（4月）在长时间饥饿封锁之后，雅典投降

参考文献

对于某一种表述，只有通过一个又一个的单独案例才能够解释，为什么倾向于那一种观点。本书不仅在史实上，而且在分析和解释狄凯里亚战争的战事方面，都主要依据修昔底德的著作。关于这一决策的原因，我在引言中已经说明过了，这对寻求非原创性的一般性介绍来说是最合适的，尽管其中夹杂了部分个人观点，但是这样的叙述能够展现绝大多数人的观点。

本书引用的修昔底德段落的翻译部分如下：

Thukydides. Der Peloponnesische Krieg. Übersetzt und herausgegeben von H.Vretska und W.Rinner, Stuttgart 2004.

Thukydides. Geschichte des Peloponnesischen Krieges. Herausgegeben und übertragen von Georg Peter Landmann,

Zürich–München 1976[2].

关于修昔底德的大量参考文献如下：

H.Leppin, *Thukydides und die Verfassung der Polis. Ein Beitrag zur politischen Ideengeschichte des 5.Jahrhunderts v. Chr.*, Berlin 1999.

George Cawkwell, *Thucydides and the Peloponnesian War*, London 1997.

S.Hornblower, *A Commentary on Thucydides*, Bd. I–III, Oxford 1991, 1996, 2008.

Hermann Strasburger, *Die Entdeckung der politischen Geschichte durch Thukydides* [1954], in: Hans Herter (Hrsg.), *Thukydides*, Darmstadt 1968, 412–476.

Für die Zeit von 411 bis 404 folge ich dem Prinzip, die Erzählung Xenophons gegenüber dem Autor der Hellenika Oxyrhynchia und der von ihm abgeleiteten Traditionen konsequent zu privilegieren. Vgl. dazu B.Bleckmann, *Athens Weg in die Niederlage. Die letzten Jahre des Peloponnesischen Krieges (411–404)*, Stuttgart 1998 (dort auch die Begründung für die Übernahme der frühen Chronologie Haackes).

修昔底德之后时段的文献来源：

Xenophon,Hellenika. Griechisch-deutsch, herausgegeben von Gisela Strasburger, München 1970.

Hellenika von Oxyrhynchos. Herausgegeben, übersetzt und kommentiert von Ralf Behrwald, Darmstadt 2005.

Diodorus Siculus. Griechische Weltgeschichte. Buch XI–XIII. Übersetzt von Otto Veh. Eingeleitet und kommentiert von Wolfgang Will, Stuttgart 1998.

伯罗奔尼撒战争的一般表述（有时在对公元前 5 世纪的希腊史或雅典和斯巴达关系的完整表述中）参见：

G.Busolt, *Griechische Geschichte bis zur Schlacht bei Chaeroneia. III.2. Der peloponnesische Krieg*, Gotha 1904.

K.-W.Welwei, *Das klassische Athen. Demokratie und Machtpolitik im 5. und 4.Jahrhundert*, Darmstadt 1999.

R.Schulz, *Athen und Sparta*, Darmstadt 2005².

Eine sehr breite, aber nicht immer scharf analysierende Darstellung des Peloponnesischen Krieges bietet das mehrbändige Werk von

D.Kagan, *The Outbreak of the Peloponnesian War*, Ithaca–London 1969; *The Archidamian War*, Ithaca–London 1987²; *The*

Peace of Nicias and the Sicilian Expedition, Ithaca–London 1981; *The Fall of the Athenian Empire*, Ithaca–London 1987.

关于战斗技巧、战术和军事组织的问题参见：

V.D.Hanson, *A War like no other. How the Athenians and Spartans fought the Peloponnesian War*, New York 2005.

J.F.Lazenby, *The Peloponnesian war.A military study*, London–New York 2004.

D.Hamel, *Athenian Generals. Military Authority in the Classical Period*, Leiden–Boston–Köln 1998.

关于伯罗奔尼撒战争和阿奇达穆斯战争的爆发：

W.R.Connor, *The New Politicians of Fifth-Century Athens*, Princeton1971.

M.Intrieri, *Biaios didaskalos. Guerra e stasis a Corcira fra storia e storiografia*, Rubbettino 2002.

G.E.M.de Ste Croix, *The Origins of the Peloponnesian War*, London1972.

G.A.Lehmann, *Perikles. Staatsmann und Stratege im klassischen Athen*, München 2008.

J.J.Price, *Thucydides and Internal War*, Cambridge 2001.

W.Will, *Thukydides und Perikles. Der Historiker und sein Held*, Bonn 2003.

《尼基阿斯和约》与西西里远征：

O.Aurenche, *Les groupes d'Alcibiade, de Léogoras et de Teucros. Remarques sur la vie politique athénienne en 415 avant J.-C.*, Paris 1974.

J.Hatzfeld, *Alcibiade. Étude sur l'histoire d'Athènes à la fin du Ve siècle*, Paris 1954².

P.Green, *Armada from Athens*, London–Sydney–Auckland–Toronto 1971.

H.Heftner, *Alkibiades. Staatsmann und Feldherr*, Darmstadt 2011.

L.Kallet, *Money and the Corrosion of Power in Thucydides: The Sicilian Expedition and its Aftermath*, Berkeley 2001.

H.-P.Stahl, *Literarisches Detail und historischer Krisenpunkt im Geschichtswerk des Thukydides: die Sizilische Expedition*, Rheinisches Museum 145, 2002, 68–107.

狄凯里亚战争：

B.Bleckmann, *Athens Weg in die Niederlage. Die letzten*

Jahre des Peloponnesischen Krieges (411–404), Stuttgart 1998.

Robert J.Buck, *Thrasybulus and the Athenian Democracy. The Life of an Athenian Statesman*, Stuttgart 1998.

H.Heftner, *Der oligarchische Umsturz des Jahres 411 v. Chr. und die Herrschaft der Vierhundert in Athen. Quellenkritische und historische Untersuchungen*, Frankfurt 2001.

G.A.Lehmann, *Überlegungen zur Krise der attischen Demokratie im Peloponnesischen Krieg: Vom Ostrakismos des Hyperbolos zum Thargelion 411 v. Chr.*, Zeitschrift für Papyrologie und Epigraphik 69, 1987, 33–73.

G.A.Lehmann, *Die revolutionäre Machtergreifung der «Dreißig» und die staatliche Teilung Attikas (404–401 v.Chr.)*, in: Antike und Universalgeschichte. Festschrift H.E.Stier, Münster 1972, 201–233.

E.Lévy, *Athènes devant la défaite de 404*, Athen–Paris 1976.

D.Lotze, *Lysander und der Peloponnesische Krieg*, Berlin 1964.

德中译名对照表

德文名	中译名
Abydos	阿卑多斯
Achradina (Syrakus)	阿克拉丁那（叙拉古）
Adeimantos	阿迪曼图斯
Adria	亚得里亚海
Ägina	爱琴海
Agis	阿基斯（斯巴达国王）
Ägypten	埃及
Aigospotamoi	阿戈斯波塔米
Akanthos	阿堪苏斯
Alkibiades	亚西比德
Alkidas	阿尔基达斯
Ambrakia	安布拉基亚
Argos, amphilochisches	安菲洛奇亚的阿尔戈斯
Amphipolis	安菲波利斯
Anaktorion	阿纳克托里翁
Anaxagoras	阿那克萨哥拉

Androkles	安德罗克利斯
Andros	安德罗斯岛
Antalkidas	安特尔凯德斯
Antiochos	安条克斯
Antiphon	安提丰
Archidamischer Krieg	阿奇达穆斯战争
Archidamos	阿奇达穆斯
Arginusen	阿吉纽西群岛
Arginusenprozeß	阿吉纽西审判
Argos	阿尔戈斯
Aristeus	阿里斯特乌斯
Aristokrates	阿里斯托克拉特斯
Aristophanes	阿里斯托芬
Arkadien	阿卡迪亚
Arkananien	阿卡纳尼亚
Asinaros	阿西纳罗斯
Aspasia	阿斯帕齐娅
Attischer Seebund	阿提卡海上同盟
Attika	阿提卡
Bithynien	比提尼亚
Böotien	玻俄提亚
Böotischer Bund	玻俄提亚联盟
Brasidas	伯拉西达
Byzanz	拜占庭
Chalkideus	卡尔基丢斯
Chalkidike	哈尔基季基
Chersonnes	凯尔索涅斯
Chios	希俄斯岛
Chrysopolis	克里索波利斯

Cornelius Nepos	柯内留斯·奈波斯
Daskyleion	达斯库列昂
Dekeleia	狄凯里亚
Dekeleischer Krieg	狄凯里亚战争
Delion	德里昂
Delos	提洛岛
Delphi	德尔斐
Demosthenes	德摩斯梯尼
Derkylidas	德尔库利达斯
Dieitrephes	狄爱特雷菲斯
Diodor	狄奥多罗斯
Dyme	狄米
Eleusis	厄琉息斯
Elis	厄利斯
Ephesos	以弗所
Ephoros	埃福罗斯
Epidamnos (Dyrrhachion)	埃比达姆诺斯
Epidaurus	埃皮达鲁斯
Epipolai	爱皮波莱高地
Erythrai	爱利特莱
Euböa	优卑亚
Euripides	欧里庇得斯
Euryalos	欧里耶鲁斯
Eurymedon	欧律墨冬
Galepsos	加利普苏斯
Gela	杰拉
Gylippos	古利普斯
Hagnon	哈格农
Hellespont	赫勒斯滂

Herakleia (Trachinia)	赫拉克利亚（特拉奇尼埃）
Herakleia (Pontos)	赫拉克利亚（蓬托斯）
Herodot	希罗多德
Himera	希麦拉
Hippokrates	希波克拉底
Homer	荷马
Hykkara	海卡拉
Hyperbolos	希帕波鲁斯
Imbros	伊姆罗兹
Ionien	伊奥尼亚
Ionisches Meer	伊奥尼亚海
Kalchedon	迦克墩
Kallias-Frieden	《卡利阿斯和约》
Kallibios	卡利比奥斯
Kallikratidas	卡利克拉提达斯
Kallistratos	卡利斯特拉托斯
Kamarina	卡马里纳
Karien	卡里亚
Katane	卡塔尼亚
Keos	科奥斯
Kephallenia	凯法利尼亚岛
Kephisodotos	凯菲索多托斯
Keramischer Golf	凯拉米克斯湾
Kimon	客蒙
Klaros	克拉罗斯
Klearidas	克里阿利达斯
Kleinasien	小亚细亚
Kleon	克里昂
Kleophon	克里奥丰

Knemos	克涅姆斯
Kolophon	科洛封
Konon	科农
Korinth	科林斯
Korinthischer Golf	科林斯湾
Korinthischer Krieg	科林斯战争
Korkyra	克基拉
Koroneia	喀罗尼亚
Kynossema	基诺塞马
Kyros	小居鲁士
Kythera	基西拉
Kyzikos	库济库斯
Labdalon	拉布达隆
Laches	拉齐斯
Lakedaimon	拉刻代蒙
Lakonien	拉科尼亚
Lamachos	拉马库斯
Lampsakos	兰普萨库斯
Lemnos	莱姆诺斯
Leon	列昂
Leontinoi	伦蒂尼
Lepreon	列普里昂
Lesbos	莱斯博斯岛
Leukas	琉卡斯
Leukimme	琉基姆尼
Leuktra	留克特拉
Libys	利比斯
Lokris	洛克里斯
Lykien	吕喀亚

Lysandros	吕山德
Makedonien	马其顿
Mantineia	曼丁尼亚
Marmarameer	马尔马拉海
Megara	墨伽拉
Megaris	墨伽利斯
Melos	米洛斯
Menander	米南德
Messene (Messina)	墨西拿
Messenien	美塞尼亚
Methymna	米西姆纳
Milet	米利都
Mindaros	明达鲁斯
Mykalessos	米卡列苏斯
Mylai	迈莱
Myrkinos	米金努斯
Mytilene	米蒂利尼
Naupaktos	纳夫帕克托斯
Naxos	纳克索斯岛
Nikias	尼基阿斯
Nikias-Frieden	《尼基阿斯和约》
Nikostratos	尼科斯特拉图斯
Nisaia	尼萨亚
Nordägäis	爱琴海北部
Nordgriechenland	希腊北部
Notion	诺提昂
Oisyme	奥西米
Olpai	奥尔匹
Olympia	奥林匹亚

Oropos	奥罗浦斯
Paches	帕基斯
Pallene	帕伦尼
Panakton	帕那克敦
Parnesgebirge	帕尔奈斯山脉
Patras	帕特雷
Pausanias	保萨尼亚斯
Pedaritos	佩达里图斯
Peithias	培西亚斯
Peloponnes	伯罗奔尼撒半岛
Peloponnesischer Bund	伯罗奔尼撒联盟
Peloponnesischer Krieg (Begriff)	伯罗奔尼撒战争
Perdikkas II	柏第卡斯二世，马其顿国王
Perikles	伯里克利
Phaiax	腓亚克斯
Phaleron	法勒隆
Pharnabazos	法那巴佐斯
Pheidias	菲狄亚斯
Philokles	菲劳克里斯
Phokaia	弗凯亚
Phokis	福基斯
Phormion	弗尔米奥
Phrygien	弗里吉亚
Phrynichos	普律尼科斯
Piräus	比雷埃夫斯港
Plataiai	普拉蒂亚
Pleistoanax	普雷斯托阿纳克斯，斯巴达国王
Plemmyrion	普利姆米利昂
Plutarch	普鲁塔克

Poteidaia	波提狄亚
Prokonnesos	普洛孔涅索斯岛
Pylos	皮洛斯
Rhegion	瑞吉昂
Rhodos	罗德岛
Salamis	萨拉米斯
Samos	萨摩斯岛
Sardeis	萨第斯
Saronischer Golf	萨罗尼克湾 （伯罗奔尼撒半岛东北岸）
Schwarzes Meer	黑海
Segesta	塞杰斯塔
Selinous	塞利农特
Sestos	塞斯托斯
Sizilien	西西里岛
Sizilienexpedition	西西里远征
Skione	斯基奥涅
Skyros	斯基罗斯
Sokrates	苏格拉底
Sollion	索利安姆
Solygeia	索利吉亚村
Sophokles	索福克勒斯
Sounion (Kap)	苏尼翁海峡
Sparta	斯巴达
Sphakteria	斯法克特里亚岛
Stagiros	斯塔吉鲁斯镇
Sthenelaidas	斯提尼拉伊达
Strymon	斯特律蒙
Sybotainseln	希波塔群岛
Syke	塞基

Syrakus	叙拉古
Tanagra	塔纳格拉
Teos	提奥斯
Thasos	萨索斯岛
Theben	底比斯
Themistokles	地米斯托克利
Theramenes	塞拉门尼斯
Therimenes	泰里蒙涅斯
Thessalien	色萨利
Thessallos	帖撒鲁斯
Thorax	瑟莱库斯
Thoudippos-Dekret	“克里昂战争税”法令
Thrakien	色雷斯
Thrakische Küste	色雷斯海岸
Thrasyboulos	色拉西布洛斯
Thrasyllos	斯拉苏卢斯
Thukydides	修昔底德
Thurioi	图里
Thyrea	泰里亚
Tissaphernes	提萨弗涅斯
Torone	托伦涅
Trogilos (Kap)	特洛吉鲁斯海岬
Tydeus	堤丢斯
Xenophon	色诺芬
Zakynthos	扎金索斯岛
Zypern	塞浦路斯

图书在版编目（CIP）数据

伯罗奔尼撒战争史 / [德]布鲁诺·布勒克曼著；武诗韵译．—上海：上海三联书店，2019.12
ISBN 978-7-5426-6814-1
Ⅰ．①伯… Ⅱ．①布… ②武… Ⅲ．①伯罗奔尼撒战争－战争史 Ⅳ．①K125

中国版本图书馆CIP数据核字（2019）第224222号

伯罗奔尼撒战争史

著　　者 / [德]布鲁诺·布勒克曼
译　　者 / 武诗韵
责任编辑 / 程　力
特约编辑 / 朱海华
装帧设计 / 鹏飞艺术
监　　制 / 姚　军
出版发行 / 上海三联书店
（200030）中国上海市漕溪北路331号A座6楼
邮购电话 / 021-22895540
印　　刷 / 三河市华润印刷有限公司
版　　次 / 2019年12月第1版
印　　次 / 2019年12月第1次印刷
开　　本 / 787×1092　1/32
字　　数 / 57千字
印　　张 / 4.375

ISBN 978-7-5426-6814-1/K·548

定　价：29.80元

DER PELOPONNESISCHE KRIEG
by Bruno Bleckmann

著作权合同登记号　图字：09-2019-793 号